Kauderwelsch
Band 61

©Mariló@fotolia.com

Impressum

Monika Heyder
Vietnamesisch – Wort für Wort
erschienen im
REISE KNOW-HOW Verlag Peter Rump GmbH
Osnabrücker Str. 79, D-33649 Bielefeld
info@reise-know-how.de

© REISE KNOW-HOW Verlag Peter Rump GmbH
10. neu bearbeitete Auflage 2009
Konzeption, Gliederung, Layout und Umschlagklappen
wurden speziell für die Reihe „Kauderwelsch" entwickelt
und sind urheberrechtlich geschützt.
Alle Rechte vorbehalten.

Bearbeitung	Klaus Werner
Layout	Claudia Schmidt
Layout-Konzept	Günter Pawlak, FaktorZwo! Bielefeld
Umschlag	Peter Rump (Titelfoto: Dirk Krüger)
Kartographie	Iain Macneish
Fotos	Fotografen@fotolia.com; Nachweis am jeweiligen Foto
Druck und Bindung	Fuldaer Verlagsanstalt GmbH & Co. KG, Fulda

ISBN: 978-3-89416-251-1
Printed in Germany

Dieses Buch ist erhältlich in jeder Buchhandlung Deutsch-
lands, Österreichs, der Schweiz und der Benelux-Staaten.
Bitte informieren Sie Ihren Buchhändler über folgende
Bezugsadressen:

Deutschland	Prolit GmbH, Postfach 9, 35461 Fernwald (Annerod)
	sowie alle Barsortimente
Schweiz	AVA-buch 2000, Postfach 27, CH-8910 Affoltern
Österreich	Mohr Morawa Buchvertrieb GmbH
	Sulzengasse 2, A-1230 Wien
Belgien & Niederlande	Willems Adventure, www.willemsadventure.nl
direkt	Wer im Buchhandel kein Glück hat, bekommt unsere Bücher

zuzüglich Porto- und Verpackungskosten auch direkt über
unseren Internet-Shop: **www.reise-know-how.de.**
Zu diesem Buch ist ein **AusspracheTrainer** erhältlich, auf
Audio-CD in jeder Buchhandlung Deutschlands, Österreichs,
der Schweiz und der Benelux-Staaten oder als **MP3-Download**
unter **www.reise-know-how.de**
Der Verlag möchte die **Reihe Kauderwelsch** weiter ausbauen
und **sucht Autoren!** Mehr Informationen finden Sie unter
www.reise-know-how.de/rkh_mitarbeit.php

Kauderwelsch

Monika Heyder

Vietnamesisch

Wort für Wort

REISE KNOW-HOW
im Internet
www.reise-know-how.de
info@reise-know-how.de

*Aktuelle Reisetipps
und Neuigkeiten,
Ergänzungen nach
Redaktionsschluss,
Büchershop und
Sonderangebote
rund ums Reisen*

Kauderwelsch-Sprechführer sind anders!

Warum? Weil sie Sie in die Lage versetzen, wirklich zu sprechen und die Leute zu verstehen.

Wie wird das gemacht? Abgesehen von dem, was jedes Sprachbuch bietet, nämlich Vokabeln, Beispielsätze etc., zeichnen sich die Bände der Kauderwelsch-Reihe durch folgende Besonderheiten aus:

Die **Grammatik** wird in einfacher Sprache so weit erklärt, dass es möglich wird, ohne viel Paukerei mit dem Sprechen zu beginnen, wenn auch nicht gerade druckreif.

Alle Beispielsätze werden doppelt ins Deutsche übertragen: zum einen **Wort-für-Wort**, zum anderen in „ordentliches" Hochdeutsch. So wird das fremde Sprachsystem sehr gut durchschaubar. Denn in einer fremden Sprache unterscheiden sich z. B. Satzbau und Ausdrucksweise recht stark vom Deutschen. Ohne diese Übersetzungsart ist es so gut wie unmöglich, schnell einzelne Wörter in einem Satz auszutauschen.

Die **Autorinnen** und **Autoren** der Reihe sind Globetrotter, die die Sprache im Land selbst gelernt haben. Sie wissen daher genau, wie und was die Leute auf der Straße sprechen. Deren Ausdrucksweise ist nämlich häufig viel einfacher und direkter als z. B. die Sprache der Literatur oder des Fernsehens.

Besonders wichtig sind im Reiseland **Körpersprache, Gesten, Zeichen** und **Verhaltensregeln**, ohne die auch Sprachkundige kaum mit Menschen in guten Kontakt kommen. In allen Bänden der Kauderwelsch-Reihe wird darum besonders auf diese Art der nonverbalen Kommunikation eingegangen.

Kauderwelsch-Sprechführer sind keine Lehrbücher, aber viel mehr als Sprachführer! Wenn Sie ein wenig Zeit investieren und einige Vokabeln lernen, werden Sie mit ihrer Hilfe in kürzester Zeit schon Informationen bekommen und Erfahrungen machen, die „taubstummen" Reisenden verborgen bleiben.

Inhalt

Inhalt

©Sauerkraut@fotolia.com

Vorwort

Wer als Tourist nach Vietnam kommt, wird höchstens in der Stadt Menschen treffen, die mehr oder weniger Englisch beherrschen. Wer die Absicht hat, abseits ausgetretener Touristenpfade das wirkliche Leben der Menschen kennen zu lernen, der verlasse sich besser nicht auf europäische Sprachen.

Die Vietnamesen **(Việt, Kinh)** sind ein Reisbauernvolk. Die wenigsten haben je fremde Sprachen lernen können. Auch für die fast 60 nationalen Minderheiten, die in Vietnam leben und sehr unterschiedliche Sprachen sprechen, dient Vietnamesisch noch am ehesten als Verständigungsmittel mit Fremden.

Schon das Bemühen, wenige Worte in Vietnamesisch zu sprechen und nicht zuletzt Freundlichkeit öffnen die Türen zum Herzen der Menschen. Dabei spielt sicher auch die Tatsache eine Rolle, dass die langen Erfahrungen der Vietnamesen mit Ausländern u. a. durch weitgehende Nichtachtung ihrer Muttersprache gekennzeichnet wurden.

Wer sich bemüht, wenigstens **Xin chào!** (Gruß für alle Gelegenheiten) und vielleicht noch etwas mehr zu sagen, der wird in den Augen der Vietnamesen von einem gesichtslosen „Devisenbringer" zu einem Menschen aus Fleisch und Blut, dem man Aufmerksamkeit – und bald auch Sympathie und Vertrauen – schenken wird.

Hinweise zur Benutzung

Der vorliegende Sprechführer gliedert sich in die drei wichtigen Hauptabschnitte „Grammatik", „Konversation" und „Wörterliste".

Die Grammatik beschränkt sich auf das Wesentliche und ist so einfach gehalten wie möglich. Deshalb sind auch nicht alle Ausnahmen und Unregelmäßigkeiten der Sprache erklärt. Wer nach der Lektüre dieses Büchleins tiefer in die Grammatik des Vietnamesischen eindringen möchte, findet im Anhang Hinweise auf weiterführende Literatur.

In diesem Teil finden Sie Sätze aus dem Alltagsgespräch, die Ihnen einen ersten Eindruck davon vermitteln sollen, wie Vietnamesisch „funktioniert" und die Sie auf das vorbereiten sollen, was Sie später in Vietnam hören werden. Benutzen Sie die Beispielsätze auch als Satzschablonen und -muster, die Sie selbst Ihren Bedürfnissen anpassen.

Damit Sie die Wortfolge des Vietnamesischen in den Sätzen nachvollziehen können, ist *Eingeklammerte* eine Wort-für-Wort-Übersetzung in kursiver *Wörter können auch* Schrift ergänzt. Wird *ein* Wort in Vietname- *entfallen, ohne dass* sisch im Deutschen durch *zwei* Wörter über- *der Sinn der Aussage* setzt, sind diese in der Wort-für-Wort-Über- *verloren geht.* setzung durch einen Bindestrich verbunden:

Có người yêu chưa?
haben Mensch lieben noch-nicht
Haben Sie eine/n Freund/in?

Bei mehrsilbigen Wörtern werden die Silben durch Bindestriche verbunden. Das ist eine Hilfestellung für den Leser. In der vietnamesischen Schriftsprache steht jede Silbe einzeln, so dass die Wortgrenzen formal nicht bestimmbar sind.

*Bei einigen wenigen Fremdwörtern werden ebenfalls die Silben verbunden, z. B. **xu-páp** (frz. soupape „Ventil").*

Hier ein Beispiel, das dies illustrieren soll: Das Wort **bắt-đầu** besteht aus den Silben **bắt** (fassen, ergreifen) und **đầu** (Kopf, Haupt). Beide Silben können für sich allein, also völlig selbständig gebraucht werden. **Bắt-đầu** heißt „beginnen, anfangen". Eine Wort-für-Wort-Übersetzung der Einzelsilben würde in diesem Fall und auch sonst oft die Verständlichkeit kaum fördern.

Chị công-tác ở-đâu?
Schwester tätig-sein wo
Wo arbeiten Sie? *(zu einer Frau)*

Rẽ bên trái / phải.
einbiegen Seite links / rechts
Biegen Sie links / rechts ab.

Werden in einem Satz mehrere Wörter genannt, die man untereinander austauschen kann, steht zwischen diesen ein Schrägstrich.

Mit Hilfe der Wort-für-Wort-Übersetzung können Sie bald eigene Sätze bilden. Sie können die Beispielsätze als Fundus von Satzschablonen und -mustern benutzen, die Sie selbst Ihren Bedürfnissen anpassen. Mit einem kleinen bisschen Kreativität und Mut können Sie sich neue Sätze „zusammenbauen", auch wenn das Ergebnis nicht immer grammatikalisch perfekt ausfällt.

Wort-für-Wort Übersetzung

Wörterlisten Die Wörterlisten am Ende des Buches helfen Ihnen dabei. Sie enthalten einen Grundwortschatz von je ca. 1000 Wörtern Deutsch-Vietnamesisch und Vietnamesisch-Deutsch.

Umschlagklappe Die Umschlagklappe hält die wichtigsten Sätze und Formulierungen stets parat. Aufgeklappt ist der Umschlag eine wesentliche Erleichterung, da die gewünschte Satzkonstruktion mit dem Vokabular aus den einzelnen Kapiteln kombiniert werden kann.

Über die Sprache

Vietnamesisch ist die Muttersprache von weit über 78 Millionen Menschen. Über die Verwandtschaft zu anderen Sprachen der Region gibt es unter den Wissenschaftlern bisher keine Einigung. Erwiesen ist eine enge Verwandtschaft des Vietnamesischen mit der Sprache der Muong (einer nationalen Minderheit in Vietnam).

Es gibt im Vietnamesischen drei große Dialektgruppen: die des Nordens, Zentralvietnams und die des Südens. Die Literatursprache entwickelte sich auf der Grundlage der nördlichen Dialekte. Auch der vorliegende Band geht von der Normsprache aus, die man im ganzen Land versteht. Die Dialekte unterscheiden sich vor allem in der Aussprache, zum Teil aber auch im Wortschatz. Für die wichtigsten Wörter werden jeweils der Nord-(N) und der Süddialekt (S) angegeben.

Seitenzahlen

Um Ihnen den Umgang mit den Zahlen zu erleichtern, wird auf jeder Seite die Seitenzahl auch auf Vietnamesisch angegeben!

Vietnamesisch ist eine Tonsprache. Die Wörter sind in ihrer Form unveränderlich, es gibt keine Beugung (Deklination, Konjugation). Grammatische Beziehungen werden vor allem durch die Stellung der Wörter im Satz ausgedrückt. Viele Wörter, besonders des Grundwortschatzes, um den es uns hier geht, sind einsilbig. Die Wörter lassen sich in Vollwörter (Haupt-, Eigenschafts-, Tätigkeitswörter) und Hilfswörter (Klassifikatoren, Fürwörter, Bindewörter usw.) einteilen.

Die Hilfswörter sind aus Vollwörtern entstanden, deren eigentliche Bedeutung allmählich zugunsten einer grammatischen Funktion verblasste. Bei manchen Wörtern ist dieses „Verblassen" (die Grammatikalisierung) noch zu beobachten. Solche Wörter haben sowohl eine eigene Wortbedeutung (**của** „Besitz, Eigentum") als auch eine grammatische Funktion (**của** „von"). Entsprechendes gilt auch für die Fragekonstruktionen. Dort wurden in der Wort-für-Wort-Übersetzung

Eine dicke Schicht chinesischer Lehnwörter weist auf die Rolle Chinas in der vietnamesischen Geschichte hin, erklärt jedoch nicht die Herkunft der vietnamesischen Sprache.

die ursprünglichen Bedeutungen angegeben, weil sie trotz ihrer „Blässe" einleuchtender sind als die stereotype Bezeichnung „Teil einer Fragekonstruktion", die völlig im Dunkeln ließe, warum das Wort denn nun dort steht.

Sieht man einmal von den für uns ungewohnten Tönen ab, so ist Vietnamesisch allein seiner überschaubaren Grammatik wegen auch für den Autodidakten sehr geeignet. Ohne langes Einpauken von Deklinationen usw. (inkl. der Ausnahmen!) ist schon mit wenigen Wörtern eine Verständigung möglich, zumal in der konkreten Gesprächssituation oft keine vollständigen Sätze „wie aus dem Lehrbuch", sondern stark verkürzte Formen gebraucht werden.

Alphabet

A a	G g	P p
Ă ă	H h	Q q
Â â	I i	R r
B b	K k	S s
C c	L l	T t
D d	M m	U u
Đ đ	N n	Ư ư
E e	O o	V v
Ê ê	Ô ô	X x
F f	Ơ ơ	Y y

Das moderne vietnamesische Alphabet wurde im 17. Jahrhundert auf der Grundlage der Lateinschrift geschaffen. Mit einigen Zusatzzeichen wird den Besonderheiten der Sprache Rechnung getragen

Die Buchstaben ơ und ư bezeichnen zwei so genannte „Stöhnlaute".

Die Zeichen ˘ und ˆ über ă sowie über â, ê und ô weisen auf die Kürze bzw. Geschlossenheit dieser Selbstlaute (Vokale) hin.

Der Buchstabe đ bezeichnet unseren Laut „d" (wie „Dackel"), während d als stimmhaftes „s" wie in „Sonne" gesprochen wird. Das ist zu Anfang gewiss etwas gewöhnungsbedürftig.

Aussprache

Schreibung und Aussprache korrespon-
dieren sehr zuverlässig. Man kann mit Hilfe
der Ausspracheregeln auch völlig unbekannte
Wörter richtig ablesen bzw. sprechen, ohne
phonetische Ausnahmen fürchten zu müssen,
die einen geschriebenen „Esel" zum gespro-
chenen „Ochsen" werden ließen.

Mitlaute (Konsonanten)

b	wie „b" in „a**b**er, **b**lau"
c, k, q	wie „k", aber weicher hin zum „g"
ch	wie „dch" wie in „Mä**dch**en", am Wortende fast wie „(i)gk"
tr	wie „tsch" (im Norddialekt **ch** = **tr**)
kh	wie „ch" in „a**ch**"
d, gi, r	stimmhaftes „s" wie in „**S**onne"
đ	wie „d" in „**D**ackel"
g, gh	wie „g" in „**G**ustav"
h	wie „h" in „**H**ammer"
l	wie „l" in „**L**icht"
m	wie „m" in „**M**aus"
n	wie „n" in „**N**ote"
ng, ngh	wie „ng" in „A**ng**el", auch am Wortanfang nasal sprechen
nh	wie „nj" in „A**nj**a", wenn es am Wortanfang steht; am Wortende wie „(i)ng"

*In den Tabellen sind
alle Selbst- und Mit-
laute (Vokale und
Konsonanten) auf-
geführt. Die meisten
kommen auch im
Deutschen vor. Wo es
problematischer wird,
sind vietnamesische
Beispiele ergänzt, die
man sich von einem
Muttersprachler vor-
lesen lassen kann.*

p	wie „p" in „**P**appe"
s	wie „sch" in „Ta**sch**e"
t	stumpfes „t", tendiert zum „d"
th	scharfes, behauchtes „t" wie in „**T**ochter"
v	wie „w" in „e**w**ig"
x	scharfes, stimmloses „s" wie in „A**s**ter"

Selbstlaute (Vokale)

a	lang und halboffen wie in „R**a**t"
ă	kurzes, offenes „a" wie in „**A**nne"
â	kurzes, geschlossenes „a", etwa wie „e" in „Schul**e**", **âm** (Laut, Schall)
e	wie „ä" in „B**ä**r"
ê	geschlossenes „e" wie in „l**e**gen"
i, y	langes „i" wie in „L**i**d, n**ie**sen"
o	offenes „o" wie in „**o**ffen"
ô	geschlossenes „o" wie in „**O**fen"
ơ	„Stöhnlaut", etwa wie „ö" in „k**ö**stlich", aber nicht den Mund spitzen, hinten sprechen **cơm** (Reis)
u	langes „u" wie in „r**u**fen"
ư	„Stöhnlaut", nicht wie unser „ü", sondern ganz hinten sprechen, dabei nicht den Mund spitzen **mưa** (Regen)

| uy | In der Verbindung **uy** wird **u** mehr zu „ü" hin ausgesprochen, wenn ein weiterer Selbstlaut folgt: Der verbreitete Familienname **Nguyễn** wird also etwa so gesprochen *„ngüjä-än"*. |

Töne

Zur Unterscheidung der zahlreichen gleich-lautenden Silben besitzt das Vietnamesische sechs so genannte „Töne", die durch Tonzei-chen über bzw. unter dem Selbstlaut der Silbe gekennzeichnet werden. Bei den Tönen han-delt es sich nicht um absolute, sondern um relative Tonhöhen. Die Töne unterscheiden sich in erster Linie durch ihren Verlauf, ihre Intensität und Dauer.

Im Vietnamesischen ergeben sich ganz andere Konsequenzen aus einem „falschen" Ton; denn Töne sind hier sinn-unterscheidend.

Die „Töne" sollten niemanden schrecken, denn auch wir sprechen nicht tonlos. Man stelle sich nur einmal die vielen Varianten vor, das Wort „na" („na, also"; „na los!"; „na, was ist?") auszusprechen: fragend nach oben ge-zogen oder gleichgültig, gelangweilt; war-nend, kurz und böse, mit einem kleinen Knacken in der Kehle ... So ungefähr kann man sich auch die Töne im Vietnamesischen vorstellen, sehr verschieden voneinander und und nicht nur von Sangestalenten erlernbar.

So kann die Silbe **ma** durch Aussprache in den sechs verschiedenen Tönen folgende Be-deutung erlangen:

	Beispiel	Ton	Intonation	Bedeutung
1.	ma	Normalton thanh không	normale Sprechlage	„Dämon, Geist"
2.	mà	fallender Ton thanh huyền	tiefer sprechen	„aber"
3.	má	steigender Ton thanh sắc	höher als 1.	„Mutter"
4.	mạ	tiefer Ton thanh nặng	tief und gepresst	„Reissetzling"
5.	mả	Frageton thanh hỏi	fragender Tonfall	„Grab"
6.	mã	unterbrochen steigender Ton thanh ngã	Selbstlaut 2-mal sprechen, dazwischen Knacklaut	„Pferd"

Charakteristisch für die Süddialekte ist das Zusammenfallen des 6. mit dem 5. Ton. Es werden also nur 5 Töne gesprochen.

Die Vietnamesen betrachten die Töne keineswegs getrennt von den Silben: mạ und mã werden als zwei völlig verschiedene Einheiten begriffen und gespeichert. Der Eindruck, es handele sich im Prinzip um ein Wort, das man halt verschieden hoch spricht, ist nicht richtig. Deshalb hat es auch wenig Sinn, etwa die Wörter ohne Töne lernen zu wollen. Das Wort lebt und stirbt mit seinem Ton.

Für den Anfänger, der über ein noch geringes Vokabular verfügt, ist es ganz wichtig, sich um eine korrekte Aussprache zu bemühen. „Trockenübungen" werden hier nicht weiterhelfen. Am besten ist es, sich die Töne von einem Muttersprachler vorsprechen zu lassen.

Wörter, die weiterhelfen

Ein kleines Wort ist in vielen Situationen hilfreich, weil es höflich ist und „Brücken baut". Außerdem lässt sich damit eine direkte Anrede, die für den Ausländer ihre Tücken haben kann, korrekt umgehen: **xin** (bitten).

Xin chào!
bitten grüßen
Guten Tag!

Xin lỗi!
bitten Fehler
Entschuldigung!

Xin thông-cảm!
bitten Verständnis-haben
Haben Sie bitte Verständnis!

Xin cho tôi ...
bitten geben ich ...
Geben Sie mir bitte ...

Xin giúp!
bitten helfen
Helfen Sie bitte!

bao-nhiêu?	wie viel?
bao giờ? *wie Zeit/Stunde*	wann?
bao lâu? *wie lang*	wie lange?
bao xa? *wie weit*	wie weit?
ở-đâu	Wo ist ...?
khách sạn	das Hotel
sân bay	der Flugplatz
xưởng sửa chữaô-tô	die Autowerkstatt
vâng – không	ja – nein

Viele organisatorische Fragen lassen sich durch Zusammensetzungen mit dem Wort bao *(wie?) schon recht gut klären.*

Satzbildung

Der Aufbau einfacher Sätze ist denkbar einfach und folgt der so genannten S-P-O-Regel:

Subjekt	Prädikat	Objekt
Nó	**ăn**	**cơm.**
er	*essen*	*Reis*
Er	isst	Reis.

Während im Deutschen der Satzgegenstand (Objekt) auch am Anfang des Satzes stehen kann: „Reis isst er (und nicht etwa Kartoffeln)", geht das im Vietnamesischen nicht:

Cơm ăn nó.
Reis essen er
Der Reis isst ihn.

Hauptwörter, Klassifikatoren

Die vietnamesischen Hauptwörter werden nicht gebeugt (dekliniert) und weder nach Zahl noch Geschlecht unterschieden:

người	Mensch/en
trâu	Büffel (Ez+Mz)
bát	Essschale/n
đũa	Essstäbchen (Ez+Mz)

In dieser Form wird die allgemeine Erscheinung bezeichnet. Um genauer zu werden, brauchen wir bestimmte Hilfswörter. Diese werden Klassifikatoren genannt und funktionieren fast so wie unsere bestimmten Artikel, aber logischer. Wie der Name sagt, dienen sie zur Klassifizierung der Hauptwörter und stehen vor diesen.

Die drei allgemeinsten Klassifikatoren, mit denen viele Hauptwörter erfasst werden können, sind **cái**, **con** *und* **ngưởi.**

➔**cái** für Gegenstände:

cái bát	die (Ess)schale
cái bàn	der Tisch
cái giường	das Bett

➔**con** für Tiere und einige bewegliche oder bewegte Dinge:

con trâu	Büffel	**con sông**	Fluss
con heo	Schwein	**con đường**	Weg
con chuột	Ratte	**con dao**	Messer
con cá	Fisch	**con tàu**	Zug
con chim	Vogel	**con mắt**	Auge

➔**ngưởi** für Personen:

ngưởi mẹ	die Mutter
ngưởi bác-sĩ	der Arzt
ngưởi em	das jüngere Geschwisterkind

Darüber hinaus gibt es noch viele spezielle Klassifikatoren für bestimmte Gruppen von Dingen, Personen, Erscheinungen usw., die genauer sind als oben genannten.

Klassifikator für ...

Die Vietnamesen gebrauchen diese und viele weitere Klassifikatoren, verstehen aber auch den Ausländer mit seinem „cái-Kauderwelsch".

đôi	paarige Dinge
chiếc	ein Stück eines Paares; Schiffe, Wagen, Brücken
lá	Blätter, blattähnl. Dinge
tàu	große Blätter
bức	Bilder, Fotos ...
tờ	Zeitungen u. ä.
bài	Texte, Lieder usw.
trái (S)/ **quả** (N)	Früchte
nước	Getränke
quyển, cuốn	Bücher, Hefte
cây	Pflanzen, Bäume, spitze Gegenstände
kẻ, thằng, đứa	Personen niederen Ranges
mảnh	Streifen, Stück (Land, Stoff ...)
miếng	Stück, Bissen, Mundvoll
sự, việc	Sache, Angelegenheit, Vorfall ...
cuộc	Handlungen, Tätigkeiten
manh	Matten, einfache Kleider
gói	Pakete, Ballen usw.
tính	Charakter, Natur, Veranlagung
tình	Gefühle, Gemüts-bewegungen

Auch Verwandtschaftsbezeichnungen können als Klassifikatoren für Personen (also anstelle von **người**) gebraucht werden, z. B.:

ông *(Großvater)* wird zu „Herr":	
ông bác-sĩ	der Arzt, Herr Doktor
bà *(Großmutter)* wird zu „Frau":	
bà giáo-sư	die Professorin, Frau Professor
cô *(Tante)* wird zu „Fräulein":	
cô y-tá	die Krankenschwester

Weitere Möglichkeiten sind im Kapitel „Persönliche Fürwörter" zu finden. Die Anwendung wird schnell verständlich, wenn man sich erst einmal mit den persönlichen Fürwörtern etwas vertraut gemacht hat.

Zusammengesetzte Hauptwörter

phòng	Zimmer
ngủ	schlafen
phòng ngủ	Schlafzimmer

Zusammengesetzte Hauptwörter werden in umgekehrter Reihenfolge gebildet wie im Deutschen.

nhà	Haus
khách	Gast
nhà khách	Gästehaus

vé	Karte, Billet
máy-bay	Flugzeug
vé máy-bay	Flugticket
hành-lý	Gepäck
vé hành-lý	Gepäckschein

màn	Vorhang, Gardine
muỗi	Mücke
màn muỗi	Mückennetz

Für eine bestimmte Anzahl von Dingen, Personen usw. setzt man die entsprechende Zahl vor den Klassifikator und das Hauptwort.

một cái bàn	ein Tisch
hai bức ảnh	zwei Fotos
ba con gà	drei Hühner
một người mẹ	eine Mutter
hai người bà	zwei Großmütter

Für zweisilbige Personenbezeichnungen ist die Verwendung des Klassifikators nicht unbedingt nötig. Man kann also beides sagen:

hai ông bác-sĩ, hai bác-sĩ	zwei Ärzte
ba cô y-tá, ba y-tá	drei Krankenschwestern

Handelt es sich jedoch um eine unbestimmte Mehrzahl, gibt es die Hilfswörter **các** und **những**. Sie werden vor den Klassifikator und das Hauptwort gestellt. **các** wird verwendet, wenn die Gesamtheit der vorhandenen Dinge, Lebewesen usw. gemeint ist:

các con mèo	die Katzen (alle)
các cái ghế	die Stühle (alle)

Für zweisilbige Personenbezeichnungen gilt auch hier, dass der Klassifikator entfallen kann.

các (người) sinh-viên	die Studenten (alle)

những nimmt man, wenn nur ein Teil der vorhandenen Dinge, Personen usw. gemeint ist

những con mèo	(die) Katzen (irgendeine Anzahl, aber nicht alle)
những sinh-viên	(die) Studenten (nicht alle)

Dieses & Jenes

Die hinweisenden Fürwörter „dieses" und „jenes" können mit folgenden Wörtern wiedergegeben werden, die nach dem Hauptwort stehen:

này	dieses (hier)	**ấy**	dieses (dort)
kia	jenes (hier)	**đó**	jenes (dort)

này und **kia** werden für Dinge, Lebewesen usw. verwendet, die sich ganz in der Nähe des Sprechers befinden. Situationsbeispiel: Man wählt aus den vor einem liegenden Waren aus:

sách này
Buch dieses
dieses Buch

những bưu-thiếp kia
Mz Postkarten jene
jene Postkarten

ấy und **đó** werden gebraucht, wenn die betreffenden Dinge usw. weiter entfernt vom Sprecher sind oder im Gespräch zuvor bereits erwähnt wurden:

*Für den Fall, dass einem gerade das passende Hauptwort fehlt, nehmen Sie die „Joker" **cái này** und **cái kia**. Damit können alle möglichen Gegenstände, Waren, Stücke usw. gemeint sein.*

khách-sạn đó
Hotel dieses
dieses Hotel (... dort drüben, zwei Straßen weiter)

sách ấy
Buch jenes
jenes Buch (... von dem wir gerade sprachen)

cái này
Ding dieses
dies

cái kia
Ding jenes
das

Geht es um Abstrakta, wie Fragen, Angelegenheiten, Probleme, Sachen, Vorgänge, Pläne usw., wird **điều** (Sache, Vorgang) verwendet:

Điều này phức-tạp.
Sache dies schwierig
Das ist schwierig.

Plakatwand in Ho-Chi-Minh-Stadt

Eigenschaftswörter

Auch die Eigenschaftswörter sind unveränderlich und stehen immer nach dem zu charakterisierenden Hauptwort:

tàu-hỏa cũ
Eisenbahn alt
alte Eisenbahn(en)

ngôi chùa cổ
Klass. Pagode alt
die alte Pagode

ngôi chùa cổ này
Klass. Pagode alt diese
diese alte Pagode

Ngôi chùa cổ này.
Klass. Pagode alt diese
Diese Pagode ist alt.

Tàu-hỏa cũ này hỏng.
Eisenbahn alt diese kaputt
Diese alte Eisenbahn ist kaputt.

*Das hinweisende Fürwort **này** steht nach Hauptwort und Eigenschaftswort. Eigenschaftswörter können auch Prädikat im Satz sein. Dazu wird anders als im Deutschen nicht das Hilfsverb „sein" (ist, sind) gebraucht!*

to	groß	nhỏ	klein
lớn	groß	bé	klein
nhiều	viel	ít	wenig
tốt	gut	xấu	schlecht
đẹp	schön	xấu	hässlich
cao	hoch	thấp	niedrig
trẻ	jung	già	alt (Mensch)
mới	neu	cũ	alt (Ding)
		cổ	alt(ertüml.), antik
bẩn	schmutzig	sạch	sauber
bận	beschäftigt	rỗi (N)	frei
		rảnh (S)	

chăm	fleißig	**lười**	faul
tươi	frisch	**ôi**	verdorben (Speisen)
nghèo	arm	**giàu**	reich
buồn	traurig	**vui**	fröhlich
chua	sauer	**ngọt**	süß
đặc	stark, dick (Getränk)	**loãng**	schwach dünn
béo (N), **mập** (S)	dick	**gầy** (N), **ốm** (S)	dünn (Wesen)
khỏe	gesund	**ốm** (N) **bệnh** (S)	krank
dễ	einfach	**khó**	schwierig
nhẹ	leicht	**nặng**	schwer
xa	fern, weit	**gần**	nah
dài	lang	**ngắn**	kurz
ướt	feucht, nass	**khô**	trocken
chậm	langsam	**nhanh**	schnell
đúng	richtig	**sai**	falsch
cứng	hart	**mềm**	weich
rẻ	billig	**đắt**	teuer
mạnh	stark	**yếu**	schwach (Kraft)

Umstandswörter

Werden Eigenschaftswörter als Umstandswort (Adverb) gebraucht – beschreiben sie also eine Handlung und nicht ein Hauptwort

näher), ändert sich die Form der Eigen-
schaftswörter nicht. Auch hier gilt: Das Be-
stimmende steht nach dem Bestimmten:

Máy-bay này bay nhanh.
Flugzeug dieses fliegen schnell
Dieses Flugzeug fliegt schnell.

Steigerung & Vergleich

Der Komparativ (1. Steigerungsstufe) wird
durch Anfügen von **hơn** (mehr, mehr als) an
das Eigenschaftswort gebildet.

đẹp	schön	**đẹp hơn**	schöner

Cái này đẹp hơn cái kia.
Ding dieses schön mehr-als Ding jenes
Dieses (hier) ist schöner als jenes (dort).

Der Superlativ (2. Steigerungsstufe) wird mit
nhất (höchst-) gebildet, das ebenfalls nach
dem Eigenschaftswort steht:

đẹp nhất der/die/das schönste,
am schönsten

bông-hoa đẹp nhất
Blume schön höchst
die schönste Blume

Die Intensität von Eigenschaften kann auf
vier verschiedene Arten ausgedrückt werden:
    rất (sehr) steht vor dem Eigenschaftswort
und wird völlig neutral gebraucht:

rất đẹp	sehr schön	**rất xấu**	sehr hässlich
rất rẻ	sehr billig	**rất đắt**	sehr teuer

lắm (sehr) steht nach dem Eigenschaftswort und wird besonders für positive Dinge (vom Standpunkt des Sprechers aus) verwendet.

Man kann jedoch auch durchaus **đẹp quá** *sagen, wenn* **đẹp lắm** *nicht stark genug erscheint:* **đẹp quá!** *„zu schön!".*

đẹp lắm	sehr schön	**hay lắm**	sehr interessant
rẻ lắm	sehr billig	**vui lắm**	sehr lustig

quá (sehr, zu sehr) wird gebraucht, wenn man etwas als übermäßig oder auch negativ empfindet.

xấu quá	sehr (zu) hässlich
đắt quá	sehr (zu) teuer
buồn quá	sehr (zu) traurig
chán quá	sehr (zu) langweilig, lästig

Ein besonders unter jungen Leuten beliebtes Wort ist auch **cực** (äußerst, außerordentlich):

ngon cực
schmackhaft äußerst
etwa: „schmeckt wahnsinnig gut"

Hinsichtlich der Wortstellung verhalten sich die Farben wie die anderen Eigenschaftswörter.

Farben

cái bút đen
Klass. Stift schwarz
der schwarze Stift

Bei Angabe von Farben wird das Wort **màu** (Farbe) vorangestellt. Es ist bei den reinen Farbwörtern jedoch nicht obligatorisch:

(màu) đen	schwarz
(màu) trắng	weiß
(màu) nâu	braun
(màu) tím	violett
(màu) xám	grau
(màu) vàng	gelb, golden
(màu) đỏ	rot
(màu) xanh	grün, blau
(màu) xanh lá cây	grün
(Farbe) grün Blatt Pflanze	
(màu) xanh da trời	blau
(Farbe) blau Haut Himmel	

Wird eine Farbe durch einen Vergleich mit Dingen beschrieben, ist es günstiger, **màu** dazuzunehmen:

màu da cam	orange(farben)
Farbe Haut Orange	
màu hồng	rosa (rosenfarben)
Farbe Rose	

Persönliche Fürwörter

Das Vietnamesische besitzt kaum „neutrale" persönliche Fürwörter und keine Unterscheidung zwischen „du" und „Sie". Es hängt vom Verhältnis zwischen den Sprechern ab, welche Verwandtschaftsbezeichnung jeweils im Sinne von „ich", „du" usw. gebraucht wird.

Ein Beispiel: Eine Person ist 20 Jahre alt und spricht mit einer anderen Person („Gesprächspartner"). Dann verwendet er für „ich" und „du/Sie" jeweils unterschiedliche Fürwörter.

Gesprächspartner	„ich"	„du, Sie"
16-Jähriger	**anh**	**em**
	älterer Bruder	*jüngerer Bruder*
25-Jähriger	**em**	**anh**
60-Jähriger	**cháu**	**bác**
	Neffe	*älterer Onkel*
eigenen Vater	**con**	**bố**
	Kind	*Vater*

Die jeweiligen Gesprächspartner ordnen sich also in ein soziales Gefüge, eine quasi familiäre Hierarchie ein, die in engem Zusammenhang mit den Einflüssen des Konfuzianismus in dieser Gesellschaft zu sehen ist.

Für den Europäer ergeben sich hierbei Probleme. Er ist gewohnt, wenigstens sprachlich „gleichberechtigt" zu verhandeln; das Lebensalter ist weder erster noch einziger Gradmesser allgemeiner Achtung.

Auch seitens der Vietnamesen besteht oft Unsicherheit darüber, wie Ausländer anzureden seien; sie gehören nun einmal nicht zur „Familie". So reden Vietnamesen deutlich jüngere Ausländer manchmal mit **bạn** (Freund) an, weil sie sich genieren **em** (jüngeres Geschwisterkind) zu sagen. Sich selbst bezeichnen sie aber gleichzeitig mit **anh** (älterer Bruder) oder **chị** (ältere Schwester).

Natürlich wird kaum erwartet, dass der Fremde mit dieser Problematik vertraut ist oder sich gar zum „Enkelchen" macht, wenn er mit einem alten Menschen spricht.

Es fällt in der Regel schwer, das Alter von Asiaten zu schätzen und sich dementsprechend für eine „du"-Form usw. zu entscheiden.

„ich"	
tôi (neutrales „ich"), auch: **tui** (S)	
„du"	
cháu („Enkel, Nichte, Neffe") zu Kindern	
em („jüngeres Geschwister") zu jüngeren Personen	
anh („älterer Bruder") zu gleichaltrigen und 10-15 Jahre älteren Männern	
chị („ältere Schwester") zu Frauen im eigenen Alter und 10-15 Jahre älter	
ông („Großvater") zu Männern, die 20 Jahre und mehr älter sind	
bà („Großmutter") zu Frauen, die 20 Jahre und mehr älter sind	
„er", „sie"	
anh ấy („älterer Bruder"); auch: **ảnh** (S)	
ông ấy („Großvater"); auch: **ổng** (S)	
chị ấy („ältere Schwester"); auch: **chỉ** (S)	
bà ấy („Großmutter"); auch: **bả** (S)	

Die nebenstehende vereinfachte Kurzfassung ist als ein Kompromiss anzusehen, mit dem sich der Tourist recht gut und vor allem höflich verständigen kann.

Als Anredeformen werden die 2. Person Ein- und Mehrzahl gebraucht. Eine Übersicht über die Verwandtschafts-bezeichnungen, die an Stelle der persön-lichen Fürwörter gebraucht werden, findet man im Kapitel „Kleine Unterhaltung".

„wir"
chúng tôi („wir", aber nicht alle Anwesen-den eingeschlossen); auch: **tụi tui** (S)
chúng ta („wir", alle Anwesenden einge-schlossen); auch: **tụi ta** (S)
„ihr"
các anh („alle älterer Bruder")
các chị („alle älterer Schwester")
các ông („alle Großvater")
các bà („alle Großmutter")
„sie" (Mz)
họ (neutrales „sie")
các anh ấy („alle älterer Bruder jene")
các chị ấy („alle ältere Schwester jene")
các ông ấy („alle Großvater jene")
các bà ấy („alle Großmutter jene")

Kriterien für die Wahl der jeweiligen Ver-wandtschaftsbezeichnung sind also Ge-schlecht und Alter (Zuordnung in eine der beiden Gruppen). Im Zweifelsfalle sollte man den Betreffenden lieber „älter machen", als ihn zu jung einzuschätzen. Mit zunehmen-dem Alter steigt man in der „Rangordnung" und damit in der allgemeinen Achtung.

Als Ausweichform ohne Fürwort bleibt im-mer noch **xin** (bitten) plus Verb an Stelle einer direkten Anrede. Vermeiden Sie es jedoch tun-lichst, Menschen allein mit ihrem Namen an-zusprechen! Es ist üblich, auf jeden Fall **ông, bà** usw. vor den Namen zu setzen!

Besitzanzeigende Fürwörter

Besitzanzeigende Fürwörter im eigentlichen Sinn („mein, dein ...") gibt es nicht. Um Besitzverhältnisse anzuzeigen, verwendet man das Wort **của** („Gut, Eigentum, Besitz") und setzt es vor das jeweilige persönliche Fürwort. **Của** entspricht hier „von":

áo của tôi
Hemd von ich
mein Hemd

mẹ của chị
Mutter von du
deine Mutter

phòng của các anh
Zimmer von alle ältere-Bruder
euer Zimmer

*của kann bei eindeutigem Kontext entfallen sowie bei Familienmitgliedern, Körperteilen etc., z. B. **tay tôi** („Hand ich" = meine Hand).*

áo tôi
Hemd ich
mein Hemd

mẹ chị
Mutter ältere-Schwester
deine Mutter

Mit einem Hauptwort zusammen kann **của** auch eine Satzaussage (Prädikat) bilden. Es wird dann mit „gehören" übersetzt:

Chiếc áo này của bố tôi.
Klass. Hemd dieses gehören Vater ich
Dieses Hemd gehört meinem Vater.

Cái nhà kia của gia-đình tôi.
Klass. Haus jenes gehören Familie ich
Jenes Haus gehört meiner Familie.

Verben & Zeiten

Die vietnamesischen Verben sind ebenfalls unveränderlich und deshalb sehr leicht zu handhaben.

Gegenwart

tôi ăn	*ich essen*	ich esse
anh ăn	*du essen*	du isst
các anh ăn	*ihr essen*	ihr esst

Da Reis für die Vietnamesen das Hauptnahrungsmittel ist, bedeutet „Reis essen" auch allgemein „essen". Deshalb sagt man **ăn cơm,** *wenn man allgemein* **ăn** *meint.*

Geht aus der Situation nichts anderes hervor, kann man davon ausgehen, dass die jeweilige Handlung in der Gegenwart geschieht. Es ist auch möglich, die Gegenwärtigkeit zu betonen, indem man das Wort **dang** (gerade) vor das Verb setzt.

Chị-ấy đang ăn cơm.
sie gerade essen Reis
Sie isst gerade (Reis).

Zukunft

Eine künftige Handlung wird gekennzeichnet, indem man das Hilfswort **sẽ,** das die Zukunft markiert, vor das Verb setzt:

Tôi sẽ ăn cá.
ich Zukunft essen Fisch
Ich werde Fisch essen.

Ngày-mai anh-ấy đi xem phim.
morgen er gehen sehen Film
Morgen wird er sich einen Film ansehen gehen.

Zeitangaben, die auf künftiges Geschehen verweisen, können ebenso die Zukünftigkeit einer Handlung kennzeichnen.

Vergangenheit

Um die Vergangenheit zu kennzeichnen, setzt man **đã** (schon, bereits) vor das Verb und **rồi** (schon) hinter das Verb. Man kann **đã** auch weglassen; dann muss dem Verb aber unbedingt **rồi** folgen.

Anh ấy đã ăn rồi. / Anh ấy ăn rồi.
er schon essen schon / er schon essen schon
Er hat (schon) gegessen. (Er aß)

Hôm-kia anh ấy ăn thịt chó.
vorgestern er schon essen Fleisch Hund
Vorgestern aß er Hundefleisch.

Wie die Zukunft kann auch die Vergangenheit mit entsprechenden Zeitwörtern gekennzeichnet werden.

rückbezügliche Verben

Manche deutsche rückbezügliche Verben werden im Vietnamesischen durch nicht-rückbezügliche Verben wiedergegeben.

ngồi	sitzen, sich setzen
mừng	sich freuen
sợ hãi	befürchten, sich fürchten

Ein nachgestelltes **nhau** (einander) drückt aus, dass man etwas miteinander tut.

gặp nhau	einander (sich) treffen
chào nhau	einander (sich) grüßen
hiểu nhau	einander (sich) verstehen
yêu nhau	einander (sich) lieben

wollen, können, müssen

Die Modalverben modifizieren ein anderes Verb. Sie stehen vor dem Hauptverb.

Tôi biết bơi.
Ich kann schwimmen.

nên	sollen	**phải**	müssen
muốn	mögen, wollen	**biết**	wissen, können
có thể	können		

Das deutsche Modalverb „dürfen" wird durch **được** *ausgedrückt. Dies ist ein sehr häufig anzutreffendes Wort mit vielen Funktionen, von denen hier nur die wichtigsten vorgestellt werden sollen.*

Beispiele	Bedeutung	Stellung
được nói *reden dürfen*	dürfen	vor dem Hauptverb
bay được *fliegen können*	können, fähig sein	nach dem Hauptverb
làm được *es ist machbar*	Ausdruck der Realisier-	nach dem Hauptverb
ăn được *essbar*	barkeit	
được! *möglich sein*	gut!, das geht! das passt! es ist möglich	als einzelnes Wort
được tiền *Geld erhalten*	bekommen erhalten	Hauptverb
được mời *eingeladen werden*	Passivbildner	vor dem Hauptverb

Welche Bedeutung **được** gerade annimmt, wird in der Praxis schneller deutlich als in der Tabelle. Die Wörter, mit denen **được** kombiniert wird, geben schon Hinweise darauf, was es bedeuten könnte: **được tiền** ergäbe z. B. nie einen Sinn in Verbindung mit „dürfen" oder gar dem Passiv.

häufig gebrauchte Verben

bắt -đầu	beginnen, anfangen
kết-thúc	beenden
xem	ansehen, betrachten
nhìn thấy	sehen, erblicken
sehen erblicken	
ăn	essen
uống	trinken
bay	fliegen (selber)
đi máy-bay	fliegen (mit dem Flugzeug)
gehen Flugzeug	
hỏi	fragen
trả lời	antworten
zurückgeben Wort	
đi	gehen, fahren
đi chơi	spazieren gehen, ausgehen
gehen spielen	
giúp	helfen
sửa-chữa	reparieren
mua	kaufen
bán	verkaufen

học	lernen
ghi	notieren
đọc	lesen
viết	schreiben
nằm	liegen, sich hinlegen
chạy	laufen, rennen
thích	gern haben, mögen
thương (S)	lieben
ghét	hassen
yêu (N)	lieben
ngủ	schlafen
nghỉ	ruhen, sich erholen
bơi	schwimmen
tắm	baden
là	sein
có	haben
nói	sprechen, sagen
nghe	hören
tìm	suchen
tìm thấy	finden
suchen erblicken	
hẹn	verabreden
gặp (nhau)	treffen (sich)
quên	vergessen
nhớ	sich erinnern
biết	wissen
đoán	raten, (ab)schätzen
ở	wohnen, sich befinden
làm	machen, tun

Aufforderungen

Ebenso wie für die Bildung der Zeiten werden auch für Aufforderungen spezielle Hilfswörter, so genannte Partikeln, gebraucht:

Die Partikel **nhé** und **đi** stehen am Schluss des Satzes, der so den Charakter einer Aufforderung erhält:

Anh nói đi! **Các anh nói đi!**
Bruder sprechen Aufford. *alle Bruder sprechen Auff.*
Sprich! Sprecht!

Ta đi nhé!
wir gehen Aufford.
Gehen wir! Lasst uns gehen!

Nói đi! **Đi đi!**
Sprich! Geh! Hau ab!

*Das persönliche Fürwort kann bei Verwendung von **đi** und **nhé** auch entfallen.*

Die Aufforderungspartikel **hãy** steht vor dem Verb. Es ist möglich, zusätzlich **đi** an das Ende des Satzes zu setzen:

Anh hãy nói (đi)!
Bruder Aufford. sprechen (Aufford.)
Sprich!

Diese Aufforderungen sind alle sehr direkt und nur dann zu verwenden, in denen man auch im Deutschen „Sprich!" usw. sagen würde. Älteren und Höhergestellten gegenüber verwendet man Varianten wie im Kapitel „Bitten, Danken, Wünschen" beschrieben.

Verneinung

Đừng hat keine direkte Entsprechung im Deutschen. Es steht vor dem Verb und bedeutet etwa „etwas nicht tun sollen".

Đừng đi!
Geh nicht!

Đừng làm phiền tôi!
nicht machen stören ich
Stör mich nicht!

Đừng nói!
Sprich nicht!

Đừng vội!
nicht eilen
Nur keine Eile!
Nicht so hastig!

Verneinung

Tätigkeits- und Eigenschaftswörter werden verneint, indem man **không** (nicht) vor das betreffende Wort setzt:

không đi	nicht gehen
không tốt	nicht gut

Hauptwörter, die die Satzaussage bilden (z. B. „Ich bin Arzt.") werden mit Hilfe folgender Konstruktion verneint.

không phải là ...
nicht wahr sein ...
kein ... sein

Tôi là bác-sĩ.
ich sein Arzt
Ich bin Arzt/Ärztin.

Tôi không phải là bác-sĩ.
ich nicht wahr sein Arzt
Ich bin kein/e Arzt/Ärztin.

Fragen & Antworten

Fast ständig begegnen einem die zwei Wörter **có** (haben; (vorhanden) sein) und **không** (nein, nicht). Sie dienen u. a. zur Konstruktion einer wichtigen Frage, der Entscheidungsfrage nach Verben und Eigenschaftswörtern.

Entscheidungsfragen

Có ... không?
haben ... nicht
Gibt/Ist es ...?

Có ngon không?
haben schmackhaft nicht
Schmeckt es (oder nicht)?

Có khỏe không?
haben gesund nicht
Wie geht es? (gesundheitlich)

có	ja (es gibt; es ist so)
không	nein (es gibt nicht; es ist nicht so)

Zwei mögliche Antworten sind bereits in der Frage enthalten.

Die Verwendung von **có** als bejahende Antwort auf die **có ... không**-Frage weist bereits darauf hin, dass im Vietnamesischen häufig mit einem Satzteil, seltener mit den „neutralen" Wörtern für „ja" (**vâng/dạ**, N/S) auf Fragen geantwortet wird. Es ist auch möglich, anstelle von **có** mit dem Wort zu antworten, nach dem gefragt wurde, z. B.:

Ngon.
schmackhaft
Ja (es schmeckt).

Will man eine Entscheidungsfrage nach Hauptwörtern als Satzaussage stellen (z. B. „Sind Sie Arzt?"), so wird die Konstruktion zur Verneinung des Hauptwortes als Satzaussage **không phải là** (nicht wahr sein) abgewandelt (s. Kap. Verneinung):

Có phải là ... không?
haben wahr sein ... nicht

Ông có phải là bác-sī không?
Großvater haben wahr sein Arzt nicht
Sind Sie Arzt?

Diese etwas kompliziertere Wortverbindung prägt man sich am besten im Ganzen ein, ohne sie zu „zerlegen".

Soll nicht nach einzelnen Teilen des Satzes, sondern nach dem Satz insgesamt gefragt werden, kann die folgende Fragekonstruktion verwendet werden:

Aussagesatz +
... phải không?
... wahr nicht
... nicht wahr?

Anh sang đây bằng máy bay phải không?
Bruder kommen hier mit Apparat fliegen wahr nicht
Sie sind mit dem Flugzeug gekommen, nicht wahr?

Fragen mit Fragewörtern

cho ai? *(für wer)*	für wen?
bao giờ? *(wie Zeit)*	wann?
gì?	was?
sao?	was? wie bitte?
cái gì? *(Stück was)*	was denn?
tại-sao?	warum?
nào?	welche/r/s?
ai?	wer?
vì-sao?	weshalb?
của ai? *(von wer)*	wessen?
làm sao? *(machen wie)*	wie?
bao lâu? *(wie lange)*	wie lange?
bao lần? *(wieviel mal)*	wie oft?
bao-nhiêu?	wie viel?
bao xa?	wie weit?
ở đâu? *(gehen wo)*	wo?

Das Fragewort steht im Satz an der Stelle, an der die Aussage stehen würde, nach der gefragt wird.

Ai bán vé?
wer verkaufen Karte
Wer verkauft Karten?

Tôi phải đi đâu?
ich müssen gehen wo
Wohin muss ich gehen?

Verhältniswörter

Die deutschen Verhältniswörter (Präpositionen) werden im Vietnamesischen teilweise auf ganz andere Art ausgedrückt.

Orts- & Zeitangaben

trong	in (örtl./zeitl.)
ở	in, an (bei)
tại	in (größere Räume/Städte)
sau	nach (örtl./zeitl.), hinter
trước	vor (örtl./zeitl.)
dưới	unter
trên	über
bên cạnh	neben
giữa	zwischen
ngoài	außerhalb

trong ba giờ
in drei Stunden

sau nhà
hinter dem Haus

Richtungsangaben

(tay) phải	(nach) rechts, rechter Hand
(tay) trái	(nach) links, linker Hand
thẳng	gerade(aus)
rẽ phải	nach rechts abbiegen
đi thẳng	geradeaus gehen

Das Vietnamesische verfügt über so genannte Richtungsverben. Dies sind Verben (Tätigkeitswörter), die die Richtung einer Bewegung beschreiben (z. B. „hineinbewegen"). Auf welche Art die Bewegung erfolgt („gehen, fahren" usw.) wird dabei nicht konkretisiert.

Tôi vào nhà.
ich hineinbewegen Haus
Ich gehe ins Haus.

Will man genauer angeben, auf welche Art die Bewegung erfolgt, wird das entsprechende Tätigkeitswort dafür (z. B. „rennen, gehen, fahren") vor das Richtungsverb gesetzt. Letzteres entspricht dann im Deutschen von der Funktion her einem Umstandswort wie in „hinein..., aus..., heraus...".

Tôi đi vào nhà.
ich gehen hineinbewegen Haus
Ich gehe ins Haus. (d. h. „gehen", nicht „rennen" oder „springen")

In der zweiten Spalte der folgenden Liste steht die Bedeutung des Richtungsverbs als eigenständiges Verb, in der dritten steht die Bedeutung in der Funktion eines Verhältniswortes.

Werden die Richtungsverben als eigenständige Verben verwendet, wählt man beim Übersetzen die Bewegungsart, die der beschriebenen Situation entspricht (beispielsweise „läuft" ein Hund, „fliegt" ein Flugzeug usw.).

lên	hinaufbewegen	auf, hinauf
xuốn	hinunterbewegen	hinunter
vào	hineinbewegen	in, hinein
ra	hinausbewegen	aus, hinaus

Bindewörter

Die Bindewörter (Konjunktionen) werden wie im Deutschen gebraucht. Allerdings ändert sich im Nebensatz die Wortstellung Subjekt – Prädikat – Objekt.

nhưng, mà	aber
như, như là	als, wie (Art und Weise)
cũng	auch
rằng, là	dass (bei indirekter Rede)
dù sao	dennoch
vì thế cho nên	deshalb
hoặc, hay	oder
vì	weil
khi	wenn, als (zeitlich)
và, còn	und

©sacasonrias@fotolia.com

Zahlen & Zähleln

Das vietnamesische Zahlensystem ist sehr regelmäßig. Im Gegensatz zum Deutschen stehen die Einer nach, und nicht vor den Zehnern.

Grundzahlen

0	**không**		
1	**một**	6	**sáu**
2	**hai**	7	**bảy**
3	**ba**	8	**tám**
4	**bốn**	9	**chín**
5	**năm**	10	**mười**

11	**mười một**	*(zehn eins)*
12	**mười hai**	*(zehn zwei)* usw.
15	**mười lăm**	*(zehn fünf)*
	(Achtung: **lăm** statt **năm**)	

Ab 11 setzt man die Zahlen zusammen.

20	**hai mươi**	*(zwei zehn)*
21	**hai mươi mốt**	*(zwei zehn eins)*
	(also nicht **một**)	
22	**hai mươi hai**	*(zwei zehn zwei)* usw.
25	**hai mươi nhăm**	*(zwei zehn fünf)*
	(also nicht **năm**)	
30	**ba mươi**	*(drei zehn)*
40	**bốn mươi**	*(vier zehn)* usw.

*Ab 20 heißt das Zahlwort für die Zehner **mươi**, für „vier" **bốn** oder **tư** (klingt besser).*

„Hundert"
heißt **trăm**.

100	**một trăm** *eins hundert*
101	**một trăm linh một** *eins hundert null eins* (Achtung: hier Grundzahl 1)
102	**một trăm linh hai** usw. *eins hundert null zwei*
110	**một trăm mười** *eins hundert zehn*
120	**một trăm hai mười** *eins hundert zwei zehn*
200	**hai trăm** *zwei hundert*

„Tausend" heißt **nghìn** oder **ngàn** (beide Wörter sind völlig gleichwertig im Gebrauch):

1.000	**một nghìn (ngàn)** *eins tausend*
1.001	**một nghìn linh một** *eins tausend null eins*
1.100	**một nghìn một trăm** *eins tausend eins hundert*
2.000	**hai nghìn** *zwei tausend*
10.000	**mười nghìn, một vạn** *zehn tausend, eins zehntausend*

Die Vietnamesen ziehen die Zahlenangabe mit **vạn** vor:

20.000	**hai vạn**
	zwei zehntausend
	hai mươi nghìn
	zwei zehn tausend
100.000	**mười vạn**
	zehn zehntausend
	một trăm nghìn
	zehn hundert tausend
1000.000	**một triệu**
	eins Million
1000.000.000	**một tỷ**
	eins Milliarde

linh oder **lẻ** bedeuten „Null" in 101-109, 1001-1009 usw.

Ordnungszahlen

Ordnungszahlen werden gebildet, indem man das Wort **thứ** (Reihenfolge) vor die jeweilige Grundzahl setzt. Dabei bilden hier die Worte für „eins" **(nhất)** und „vier" **(tư)** eine Ausnahme:

1.	**thứ nhất**
2.	**thứ hai**
3.	**thứ ba**
4.	**thứ tư**
5.	**thứ năm** usw.

Zeitangaben

Hier zunächst die wichtigsten allgemeinen Zeitbegriffe.

Zeitbegriffe	
sau đó	danach
ngày-xưa	früher, vor langer Zeit
hiện tại	gegenwärtig, zur Zeit
nửa tiếng	halbe Stunde
hiện-nay	heutzutage
luôn-luôn	immer
năm	Jahr
thế kỷ	Jahrhundert
bây-giờ	jetzt
vừa-qua	kürzlich
thỉnh thoảng	machmal
phút	Minute
lúc	Moment
tháng	Monat
không bao giờ	niemals
thường	oft
đúng giờ	pünktlich
giây	Sekunde
ngay	sofort
giờ, tiếng	Stunde
ngày, hôm	Tag
muộn	zu spät
đến muộn	zu spät kommen

hôm-nay	heute
hôm-qua	gestern
ngày-mai	morgen
hôm-kia	vorgestern
ngày-kia	übermorgen

sáng-nay	heute früh
trưa-nay	heute Mittag
chiều-nay	heute Nachmittag
tối-nay	heute Abend
đêm-nay	heute Nacht

Tageszeiten

Die hier angeführten Uhrzeiten sind nur ungefähre Angaben.

buổi sáng	Morgen, morgens (2-10 Uhr)
buổi trưa	Mittag, mittags (11-14 Uhr)
buổi chiều	Nachmittag, nachmittags (15-18 Uhr)
buổi tối	Abend, abends (19-22 Uhr)
ban đêm	nachts
đêm	Nacht (23-02 Uhr)

vào buổi sáng
im Zeitraum Morgen
am Morgen

Uhrzeit

Die Uhrzeit lässt sich mit den Grundzahlen und **giờ** *(Zeit, Uhr, Stunde) ausdrücken. Von der halben Stunde an werden die Minuten von der vollen Stunde abgezogen.*

9.00 Uhr	**chín giờ** *neun Uhr*
9.15 Uhr	**chín giờ mười lăm** *neun Uhr zehn fünf*
9.30 Uhr	**chín giờ ba mươi** *neun Uhr drei zehn*
9.45 Uhr	**mười giờ kém mười lăm** *zehn Uhr weniger zehn fünf*
9.55 Uhr	**mười giờ kém năm** *zehn Uhr weniger fünf*

Verabredet man sich z. B. für eine bestimmte Zeit, so setzt man zur Stunde noch die Tageszeit hinzu.

8 Uhr	**tám giờ sáng** *acht Uhr früh*
12 Uhr	**mười hai giờ trưa** *zehn zwei Uhr mittags*
14 Uhr	**hai giờ chiều** *zwei Uhr nachmittags*
20 Uhr	**tám giờ tối** *acht Uhr abends*
23 Uhr	**mười một giờ đêm** *zehn eins Uhr nachts*

Bây-giờ là mấy giờ?
jetzt sein wieviel Uhr
Wie spät ist es?

Bây-giờ bốn giờ (chiều).
jetzt vier Uhr (nachmittags)
Es ist 4 Uhr (nachmittags).

Wochentage

(ngày) thứ hai	Montag
(Tag) Reihenfolge zwei	
(ngày) thứ ba	Dienstag
(Tag) Reihenfolge drei	
(ngày) thứ tư	Mittwoch
(Tag) Reihenfolge vier	
(ngày) thứ năm	Donnerstag
(Tag) Reihenfolge fünf	
(ngày) thứ sáu	Freitag
(Tag) Reihenfolge sechs	
(ngày) thứ bảy	Sonnabend
(Tag) Reihenfolge sieben	
(ngày) chủ nhật	Sonntag
(Tag) Herrscher Sonne	

Monate

tháng giêng	Januar
tháng hai	Februar
tháng ba	März
tháng tư	April
tháng năm	Mai
tháng sáu	Juni
tháng bảy	Juli
tháng tám	August
tháng chín	September
tháng mười	Oktober

Der Monatsname wird, außer beim Januar, April und Dezember, regelmäßig gebildet, indem man die entsprechende Grundzahl hinter das Wort **tháng** *(Monat) setzt.*

tháng mười một, tháng một	November
tháng mười hai, tháng chạp	Dezember

Datum

Hôm-nay là ngày mấy?
heute sein Tag wieviel
Der Wievielte ist heute?

Hôm-nay là ngày mồng-ba tháng sáu.
heute sein Tag dritter Monat sechs
Heute ist der dritte Juni.

Hôm-nay là thứ mấy?
heute sein Reihenfolge wieviel
Welcher (Wochen-)Tag ist heute?

Hôm-nay là thứ-sáu, ngày mười ba tháng bảy năm một nghìn chín trăm ...
heute sein Freitag, der zehn drei Monat sieben Jahr eins tausend neun hundert ...
Heute ist Freitag, der 13. Juli 19....

Jahreszeiten

mùa	Jahreszeit, Saison
mùa xuân	Frühling
mùa hè	Sommer
mùa thu	Herbst
mùa đông	Winter

Maße & Mengen

mét	Meter
cây số, kí-lô-mét	Kilometer
mét vuông	Quadratmeter
đồng	Dong (Währungseinh.)
lít	Liter
nửa lít	halber Liter
gam	Gramm
kí, lô, kí-lô, cân	Kilogramm

mấy	einige, wenige	**allgemeine Mengen-bezeichnungen**
nhiều	viel, viele	
(một) ít,	(ein) wenig, wenige, etwas,	
(một) chút	(ein) bisschen	

Werden diese Mengenbezeichnungen mit Hauptwörtern verbunden, so stehen sie vor diesen:

mấy người   **nhiều tiền**
wenige Menschen   viel Geld

Häufig gebraucht wird auch **chục,** das „etwa zehn" bedeutet und mit dem deutschen „Dutzend" verglichen werden kann.

một chục đồng	zehn Dong
chục quả	(ungefähr) zehn Früchte
hai chục năm	(an die) zwanzig Jahre

©TMAX@fotolia.com

■ Cao Dai Tempel in Tây Ninh nahe Ho-Chi-Minh-Stadt

Kurz-Knigge

Bei aller Exotik ist Vietnam für Touristen eher ein „einfaches" Land. Das liegt nicht etwa daran, dass dort die gleichen Umgangsnormen gelten würden wie bei uns. Das vietnamesische Wertesystem wird vor allem durch Einflüsse des Konfuzianismus und des Buddhismus geprägt. Die Moralvorstellungen sind zum Teil sehr verschieden von denen der **Tây** („Westler").

Was es dem Fremden so leicht macht, ist ganz einfach die Tatsache, dass die Vietnamesen ihn und sein Verhalten mit einer anderen Elle messen als ihre eigenen Leute. So hält man es z. B. für normal, dass eine Europäerin raucht oder ein Café besucht. Für eine „anständige" Vietnamesin schickt sich so etwas schon weniger ... Ähnlich verhält es sich in vielen anderen Fragen.

Die Vietnamesen haben übrigens ein feines Gespür für die Einstellung Fremder ihnen gegenüber. Sie wissen Mimik und Gestik der **Tây** sehr wohl zu deuten, auch, wenn sie sich das nicht anmerken lassen. Ein Verhalten, das fatale Erinnerungen an vergangene Zeiten der Fremdherrschaft weckt, wird schwerlich große Begeisterung hervorrufen.

Der Ausländer kann sich also getrost so benehmen, wie es seinem Verständnis von Höflichkeit und guten Sitten entspricht.

Achtung & Respekt Achtung vor Älteren und unbedingter Familienzusammenhalt sind zentrale Normen im Leben der Vietnamesen.

Höflichkeit & Gelassenheit Ruhe und Gelassenheit sind ein Zeichen für „Haltung", die man besser wahren sollte. Man lässt sich nicht gehen, wird weder ungeduldig noch wütend. Vietnamesen sind ausgesprochen höflich und liebenswürdig und schätzen diese Eigenschaften auch an anderen.

Freundlichkeit Mit Freundlichkeit und Geduld wird man auch das seltsamste Anliegen eher durchsetzen können als sein „gutes Recht", wenn es unwirsch oder gar laut eingefordert wird. Lächeln ist eine „Höflichkeit des Herzens", die wohl rund um den Erdball verstanden wird. Den Vietnamesen dient es aber auch in unschönen Situationen zum Verbergen der Gefühle (Trauer, Schmerz usw.).

Bescheidenheit Bescheidenheit und Zurückhaltung sind in der vietnamesischen Tradition Zeichen guter Erziehung. Es gilt als besonders höflich, sein „Licht unter den Scheffel zu stellen", um seinem Gegenüber Respekt zu zollen. Auch für den Fremden ist das gut zu wissen: Man lässt sich z. B. nicht loben oder danken, ohne die eigene gute Tat, Eigenschaft usw. verbal abzuwerten.

Gespräche & Zusammenkünfte Für Gespräche mit Vietnamesen gilt: Man fällt nicht mit der Tür ins Haus, sondern kreist das zu klärende Problem langsam ein. Der obligatorisch angebotene Tee dient ebenso wie Fragen nach dem Befinden, dem Verlauf der Reise usw. dazu, eine geeignete Gesprächsatmosphäre zu schaffen. Ist man selbst der Gastgeber (im Hotel), sollte man Besuchern ebenfalls etwas zu trinken anbieten **(Mời ông uống nước)**. Das dürfte kein Problem sein, da in jedem Zimmer eine Grundausstattung (Teekanne, Tassen, Thermoskanne mit heißem Wasser, meist auch grüner Tee) vorhanden ist.

Direkte Ablehnungen **(Không được!)** sollte man – so es irgend möglich ist – vermeiden und dafür eine diplomatische Formulierung finden. Umgekehrt darf man nicht erwarten, dass Vietnamesen ein direktes Nein ohne weiteres über die Zunge käme. Sie werden stets versuchen, die Antwort so zu formulieren, dass keine schroffe Ablehnung ausgesprochen werden muss.

Ablehnen

Zeigen Sie Einfühlungsvermögen und erspüren Sie, was wirklich gemeint sein dürfte, wenn Sie ein gequältes „j-a-a, vielleicht! hören.

Nicht unwichtig ist auch die Lautstärke, in der man diskutiert. Das gilt besonders für strittige Fragen: Je weniger man sich einig ist, desto leiser wird die Auseinandersetzung geführt! Wer laut wird, hat schon verloren (den Streit auf jeden Fall, manchmal auch gleich noch das Gesicht!).

Lautstärke

Die Vietnamesen legen großen Wert auf saubere, korrekte Kleidung und persönliche Hygiene. Ein „reicher" **Tây** im Schmuddel-Look passt nicht in ihre Vorstellungswelt. Kommen **Tây** schweißtriefend, barfuß und womöglich noch mit freiem Oberkörper in ein Restaurant, so wird das von den Vietnamesen als schwere Missachtung ihnen gegenüber aufgefasst. Als das Schreckenswort der

Kleidung

90er kann wohl **du lịch ba lô** (Rucksacktourist) gelten. Nicht der **ba lô** ist das Problem, sondern die mangelhafte persönliche Hygiene bzw. das vernachlässigte Äußere mancher **Tây**. Vietnamesen achten auch in der größten Hitze und unter den widrigsten Bedingungen auf Sauberkeit und „Kleiderordnung". Wer nur ein Hemd hat, der wäscht es jeden Abend, um am nächsten Morgen wieder sauber angezogen zu sein. Hier gilt kein „es gab kein warmes Wasser"!

Reichtum   Touristen werden durchweg als **nặng Đô** (Dollar-schwer) eingeschätzt. Eine gewisse Zurückhaltung bei Kleidung und Ausrüstung (bzw. bei der Demonstration von „Reichtum") dient unter Umständen der persönlichen Sicherheit und erspart Ärger.

Körpersprache   Auch in der Körpersprache zeigen Vietnamesen mehr Zurückhaltung. Wildes Gestikulieren entspräche kaum der geforderten Beherrschung der Gefühle. Will man jemanden heranwinken, tut man das mit nach unten weisender Handfläche, wobei die Bewegung ganz unauffällig aus dem Handgelenk kommt.

Geschenke   Geschenke werden oft scheinbar achtlos beiseite getan. Aufgeregtes Auspacken und Begeisterungsschreie entfallen.

Betreten von Räumlichkeiten   Wichtig: In Pagoden und Wohnräumen (auf jeden Fall vor Betreten einer Matte) zieht man die Schuhe aus.

Wer nun fürchtet, die Vietnamesen seien alle schrecklich förmlich und nur auf Etikette bedacht, dem sei diese Angst genommen. Man muss nur auf die Straßen, die Märkte gehen, Bekanntschaften schließen, den Händlerinnen zuschauen, die Vietnamesen in ihrem Alltag kennen lernen … und wird feststellen, dass der sehr diesseitige, manchmal derbe Humor dieses Volkes, seine Spottlust und seine Freude am Lachen durch die konfuzianistische „Korsage" nichts an Lebenskraft eingebüßt haben.

Begrüßen & Verabschieden

Die Grußformel **chào** (grüßen) + persönliches Fürwort gilt für den ganzen Tag.

begrüßen		
Chào ông!	*grüßen Großvater*	
Chào bà!	*grüßen Großmutter*	Seien Sie
Chào anh!	*grüßen Bruder*	gegrüßt!
Chào chị!	*grüßen Schwester*	

Die direkte Anrede kann man mit **xin** (bitten) umgehen:

Xin chào!
bitten grüßen
Seien Sie gegrüßt!

Unter guten Bekannten und Freunden, die man mehrmals am Tage trifft, heißt es an- stelle eines förmlichen Grußes oft:

(Anh) đi đâu?
(Bruder) gehen wohin
Wohin gehst du?

(Anh) đi đâu về?
(Bruder) gehen wohin zurück
Woher kommst du?

Wenn man sich nicht auf die Wiederholung der Frage beschränkt, um diesen Gruß zu erwidern, reicht eine sehr allgemeine Antwort aus.

(Tôi) đi chơi.
(ich) gehen spielen
Ich gehe aus (spazieren).

(Tôi) đi làm về.
(ich) gehen arbeiten zurück
Ich komme von der Arbeit.

Für die Verabschiedung gibt es eine sehr förmliche Möglichkeit:

Tạm-biệt!
Auf Wiedersehen!

Xin tạm-biệt!
Darf ich mich verabschieden ...

Unter Freunden sagt man dagegen einfach, dass man gehen möchte:

Tôi về đẩy.
ich zurückkehren hier
Ich gehe dann.

Về nhé!
zurückkehren Aufford.
Ich gehe, ja?

Bitten, Danken, Wünschen

Sehr höflich ist **xin** (bitten). Praktisch jede Art von Aufforderung lässt sich in Form einer Bitte vorbringen.

bitten

🎙 **Xin mời ông vào đây.**
bitten einladen Großvater hinein hier
Kommen Sie bitte herein!

*Bei **xin** kann man die Anrede (du, Sie …) weglassen und sich damit die Suche nach dem passenden Begriff ersparen.*

🎙 **Xin các anh đến đúng giờ!**
bitten alle Bruder kommen richtige Zeit
Seien Sie bitte pünktlich!

Mời (einladen) kann verwendet werden, wenn man jemanden einlädt, etwas zu tun:

🎙 **Mời anh ngồi!**
einladen Bruder setzen
Bitte, setz dich (setzen Sie sich) doch!

🎙 **Mời chị uống nước!**
einladen Schwester trinken Wasser
Bitte, trink (trinken Sie)!

uống nước *heißt so viel wie „etwas trinken" … Es wird durchaus nicht nur klares Wasser angeboten.*

Bittet man selbst um etwas, verwendet man folgende Konstruktion:

🎙 **Cho (phép) tôi …**
geben (Erlaubnis) ich …
Gestatten Sie mir …

Das in Klammern angegebene **phép** (Erlaubnis) des letzten Satzes kann entfallen. Es ist mitangeführt, um deutlich zu machen, dass **cho** (geben) hier für das **cho phép** (gestatten, erlauben) steht.

Chị cho tôi xem cái này.

Will man die direkte Anrede umgehen, beginnt man den Satz so:

Schwester geben ich ansehen Ding dieses
Würden Sie mir bitte dieses hier zeigen?

Cho phép tôi hỏi một câu: ...

geben Erlaubnis ich fragen ein Satz: ...
Gestatten Sie eine Frage: ...

đề-nghị (vorschlagen) ist schon sehr offiziell, völlig korrekt, aber weniger herzlich als **xin** und **mời**:

Đề-nghị ông chờ một tí!

vorschlagen Großvater warten ein wenig
Wenn Sie bitte einen Moment warten wollen.

Yêu-cầu (fordern, verlangen), sollte man nur dann verwenden, wenn alle vorher beschriebenen Varianten keine Wirkung zeigten.

Tôi yêu-cầu ông trả-lại luôn số tiền này!

ich verlangen Großvater zurückgeben sofort Anzahl Geld dieses
Geben Sie mir das Geld sofort wieder!

Für „Bitte!" im Sinne von „gern geschehen", „macht nichts", „nicht der Rede wert" u. ä., also als höfliche Entgegnung auf einen Dank verwendet, gibt es zwei Formen, die sich durch den Höflichkeitsgrad unterscheiden. Beide werden als feste Wendung gebraucht..

🎧 **Không sao!**
nicht was
Bitte! Macht nichts! *(gegenüber Gleichrangigen bzw. nicht wesentlich Höhergestellten)*

🎧 **Không dám!**
nicht wagen
Bitte, keine Ursache! *(das heißt: „nicht wagen, den Dank anzunehmen"; besonders höfliche Form Respektpersonen gegenüber)*

danken

🎧 **Cảm ơn!**
fühlen Dank
Danke!

Rất cảm ơn!
sehr fühlen Dank
Danke sehr!

🎧 **Xin cảm ơn!**
bitten fühlen Dank
Ich bedanke mich!

Cảm ơn nhiều!
fühlen Dank viel
Vielen Dank!

Um seinen Dank auszudrücken, benutzt man **cảm ơn** *(fühlen Dank).*

wünschen

Wünscht man jemandem etwas oder gratuliert ihm, benutzt man das Verb **chúc** (wünschen) bzw. **chúc-mừng** (gratulieren).

chúc hạnh-phúc
wünschen Glück
Glück wünschen

Chúc năm mới hạnh-phúc!
wünschen Jahr neu Glück
Alles Gute zum neuen Jahr!

Xin chúc-mừng! **Chúc sức khỏe!**
bitten gratulieren *wünschen Kraft Gesundheit*
Gratuliere! Auf die Gesundheit!
(Trinkspruch)

Kleine Unterhaltung

Ist man zu Fuß oder mit dem Rad unterwegs, kann man möglicherweise hören: **Liên Xô!** (Sowjet) oder **Nga!** (Russe). Da das Verhältnis zu den **Liên Xô** nicht immer ganz ungetrübt ist, sagt man lieber gleich deutlich, woher man kommt:

Không phải Nga (đâu)!
nicht wahr Russe (überhaupt)
Ich bin (überhaupt) kein Russe!

Tôi là người Đức / Áo / Thụy-sĩ.
ich sein Mensch deutsch / österreichisch / schweizerisch
Ich bin Deutscher/Österreicher/Schweizer.

🔊 **(Nước) Đức thì giàu.**
(Land) deutsch sein reich
Deutschland ist reich.

🔊 **Có giàu, nhưng rét lắm / rét quá.**
haben reich, aber kalt sehr / kalt zu sehr
Ja, es ist reich, aber sehr kalt / zu kalt.

🔊 **Anh nói tiếng Việt à?**
Bruder sprechen Sprache Vietnamesisch Ausruf(Zustimmung)
Ach, Sie sprechen Vietnamesisch?

🔊 **Biết một chút thôi.**
wissen ein wenig nur
Ich kann es nur ein wenig.

🔊 **Mới bắt-đầu học tiếng.**
gerade beginnen lernen Sprache
Ich habe gerade erst begonnen, die Sprache
zu lernen.

🔊 **Học ở-đâu?   Ở bên kia.**
lernen wo   auf Seite jene
Wo haben Sie gelernt? Drüben, in Europa.

🔊 **Tôi muốn học thêm ở bên này.**
ich wollen lernen dazu auf Seite diese
Ich möchte hier (Vietnam) noch dazulernen.

Ist man erst einmal bis hierher gekommen,
darf man sich der allgemeinen Bewunderung
sicher sein, erst recht, wenn man folgende
Hürde noch nimmt.

*Nun steht einem
kleinen Schwatz
nichts mehr im Wege.
Nur wenige **Tây**
bemühen sich, Viet-
namesisch zu sprechen.
Trifft man doch ein-
mal solch einen **Tây**,
so wird der natürlich
ausgefragt.*

Anh nói tiếng Việt giỏi lắm!

Bruder sprechen Sprache vietnamesisch ausgezeichnet sehr

Sie sprechen ausgezeichnet Vietnamesisch!

Die Antwort lautet immer(!):

Chưa giỏi đâu!

noch-nicht ausgezeichnet überhaupt

Ach was, noch gar nicht.

Name

Bei allen nicht-offiziellen Anlässen nennt man nur den Vornamen; vielleicht auch deshalb, weil ein reichliches Drittel aller Vietnamesen den Familiennamen Nguyễn hat?

Die meisten vietnamesischen Namen bestehen aus drei Teilen, z. B. **Nguyễn Thị Lan**. Der erste Teil ist der Familienname **(họ): Nguyễn. Thị** an zweiter Stelle bedeutet, dass es sich um eine Frau handelt. Zur Kennzeichnung männlicher Namen gibt es die Silbe **văn**. Nicht alle Namen enthalten jedoch **thị** oder **văn**. Dann lässt sich auch aus dem dritten Teil, dem Vornamen **(tên)**, nicht ohne weiteres schließen, ob es sich um Mann oder Frau handelt, weil es keine Mädchen- oder Jungennamen gibt. **Bích** (Jade) kann also ein Er oder eine Sie sein. Oft werden für Mädchen gern Blumennamen (**Lan** „Orchidee"), für Jungen oft gute Eigenschaften (**Hùng, Dũng** „mutig, kühn") gewählt.

Chị tên là gì?

Schwester Name sein was

Wie heißen Sie?

Tôi tên là ...

ich Name sein ...

Ich heiße ...

Còn anh tên là gì?

und Bruder Name sein was

Und wie heißen Sie?

Alter

Es ist absolut normal, jedermann (und jede Frau) nach dem Alter zu fragen. Vietnamesen geben in der Regel das Alter an, das sie demnächst erreichen werden. Wer 25 ist, sagt also (er wird) 26.

Europäer fragt man gern nach ihrem Alter, um sie in die soziale Hierarchie einordnen zu können, um festzustellen, welches Verhalten ihnen gegenüber angemessen ist.

Ein eventuelles Gemurmel als Reaktion muss nicht heißen, dass man besonders alt (jung) aussähe. Es zeigt nur, dass es den Vietnamesen ebenso schwer fällt, das Alter von Europäern zu schätzen, wie uns, das Alter von Asiaten zu bestimmen.

🔊 **Năm nay chị bao-nhiêu tuổi?**
Jahr dieses, Schwester wieviel Alter
Wie alt werden Sie dieses Jahr?

🔊 **Năm nay tôi ba mươi hai tuổi.**
Jahr dieses ich drei zehn zwei Alter
Dieses Jahr werde ich 32 Jahre.

Für Kinder bis zu zehn Jahren wird das Verb **lên** (erreichen) verwendet; **tuổi** entfällt:

🔊 **Năm nay em-trai tôi lên tám.**
Jahr dieses kleiner-Bruder ich erreichen acht
Dieses Jahr wird mein kleiner Bruder acht Jahre.

Familie

🔊 **Anh lập gia-đình chưa?**
Bruder gründen Familie noch-nicht
Sind Sie schon verheiratet?

*Die Frage nach der eigenen Familie wird niemals mit **không** (nein, nicht) beantwortet (es sei denn, man ist über 90).*

Có (rồi).
haben (schon)
Ja, bin ich (schon).

Chưa (có).
noch-nicht (haben)
Nein (noch nicht).

Die Familie spielt eine wichtige, wenn nicht sogar *die* Rolle im Leben der Vietnamesen. Man wird auch den Fremden (erst recht den Gast) sehr offen zu diesem Thema „interwieven".

*In der Umgangssprache wird auch häufig **bồ** (Geliebter, Liebhaber) gebraucht.*

Có người yêu chưa?
haben Mensch lieben noch-nicht
Haben Sie eine(n) Freund(in)?

Bí-mật đấy!
geheim das(-dort)
Wird nicht verraten!

Có con chưa?
haben Kind(er) noch-nicht
Haben Sie schon Kinder?

Tôi có hai con, một con-trai và một con-gái.
ich haben zwei Kinder, ein Sohn und ein Tochter
Ich habe zwei Kinder, einen Sohn und eine Tochter.

*Wer bis hierher immer nur **chưa** gesagt hat, der kann jetzt vielleicht gleich hören:*

Thế, thì anh lấy em-gái tôi làm vợ nhé!
so, dann Bruder nehmen kleine-Schwester ich machen Frau Aufford.
Na, dann nehmen Sie doch meine kleine Schwester zur Frau!

Wie es nun weitergeht, hängt von jedem selbst
(und vielleicht von der kleinen Schwester?) ab.
In scherzhaftem Ton gesagt, ist nun beinahe
jede Antwort möglich. Für alle Fälle hier aber
noch zwei diplomatische Antworten:

Ai mà biết được?   **Có-lẽ.**
wer aber wissen ann   Vielleicht.
Wer weiß? Kann man's wissen?

má (S),	Mutter
mẹ (N/S)	Mutter
cha, ba (S),	Vater
bố, cha (N)	Vater
bố mẹ	Eltern
con	Kind
con-trai	Sohn
con-gái	Tochter
vợ	Ehefrau
chồng	Ehemann
anh	älterer Bruder
chị	ältere Schwester
em	jüngeres Geschwister-kind
ông	Großvater
bà	Großmutter
cô	Tante (jüngere Schwester des Vaters)
dì	Tante (Schwester der Mutter)

cậu	Onkel (Bruder der Mutter)
chú	Onkel (jüngerer Vaterbruder)
bác	Onkel (älterer Vaterbruder)
cháu	Enkel, Nichte, Neffe

Berufe

Anh làm nghề gì?
Bruder machen Beruf was
Welchen Beruf haben Sie?

Chị công-tác ổ-đâu?
Schwester tätig-sein wo
Wo arbeiten Sie?

Die Berufsbezeichnungen gelten für beide Geschlechter.

Tôi là ...	Ich bin ...
nhân-viên	Angestellter
công-nhân	Arbeiter
nông-dân	Bauer
thợ-thủ-công	Handwerker
phụ-nữ-nội-trợ	Hausfrau
giáo-viên	Lehrer
nhà-báo	Journalist
học-sinh	Schüler
sinh-viên	Student
kỹ-thuật-viên	Techniker
nhà-khoa-học	Wissenschaftler

Wetter

Vom Wetter und seinen Kapriolen hängt im Wesentlichen die Ernte und damit das Leben in den kommenden Monaten ab. Die zwei schicksalhaften Worte **được mùa** (eine gute Ernte haben) oder **mất mùa** (eine Missernte erleiden) bedeuten immer wieder ein kleines Aufatmen oder aber neue Not für die Menschen.

Das Wetter ist je nach Gegend und Jahreszeit sehr verschieden und besonders im Frühjahr und im Herbst durch den Monsunwechsel unbeständig.

🎵 **Hôm-nay thời-tiết thế-nào?**
heute Wetter wie
Wie ist das Wetter heute?

🎵 **Trời sắp mưa.**
Himmel bald Regen
Es sieht nach Regen aus.

🎵 **Ngày-mai trời nắng.**   **Hôm-nay trời mưa.**
morgen Himmel sonnig   *heute Himmel Regen*
Morgen wird es sonnig.   Heute regnet es.

🎵 **Sáng-nay bao-nhiêu độ?**
heute-früh wieviel Grad
Wie viel Grad sind es heute früh?

🎵 **Sáng-nay hơi lạnh: mười hai độ thôi.**
heute-früh etwas kalt: zehn zwei Grad nur
Heute früh ist es kühl: nur 12 Grad (Celsius).

🎵 **Trời lạnh.**   **Trời nắng.**
Himmel kalt   *Himmel sonnig*
Es ist kalt.   Es ist sonnig.

Gespräche über das Wetter sind keineswegs nur „Verlegenheitskonversation".

Trời nóng.
Himmel heiß
Es ist warm/heiß.

Có nhiều mây.
haben viel Wolke
Es ist bewölkt.

hơi lạnh	kühl
gió	Wind
bão	Sturm
cơn giông	Gewitter
mưa	Regen
mưa dài	Dauerregen
mưa nhỏ	leichter Regen
mưa to	starker Regen
lũ, lũ lụt	Hochwasser, Überschwemmung
khí hậu	Klima
nhiệt độ	Temperatur
ẩm độ	Luftfeuchte
gió mùa	Monsun
mùa mưa	Regenzeit
mùa khô	Trockenzeit
rét	kalt
oi bức	schwül, stickig
mát	frisch (angenehm)

Unterwegs

Günstig ist es, sich mit dem Fahrrad die Umgebung zu erschließen. Ein Nahverkehrsnetz, wie wir es kennen, besteht in vietnamesischen Städten (noch) nicht. Will man nicht ständig auf Taxi oder Fahrradrikscha angewiesen sein, ist es angebracht, für die eigene Mobilität zu sorgen, indem man sich irgendeine Art Fahrzeug verschafft, wobei Räder für Dollar-Touristen sehr günstig zu bekommen sind.

🎵 **Tôi muốn đi đến khách-sạn Caravelle.**
ich wollen gehen/fahren zu Hotel Caravelle
Ich möchte zum Hotel Caravelle.

🎵 **Tôi bị lạc đường.**
ich erleiden verirren Weg
Ich habe mich verlaufen/verfahren.

🎵 **Hãy đi thẳng.**
Aufford. gehen/fahren gerade
Fahren/Gehen Sie geradeaus.

🎵 **Rẽ bên trái/phải.**
einbiegen Seite links/rechts
Biegen Sie links/ rechts ab.

🎵 **... ở-đâu?**
... wo
Wo ist ...?

nhà ga	Bahnhof (frz. *gare* „Haus")
ngân-hàng	Bank
bến-xe-buýt	Bushaltestelle
cầu	Brücke
rạp-chiếu-bóng	Filmtheater, Kino
sân bay	Flugplatz
Platz fliegen	
cảng	Hafen
bến-xe-lam	Haltestelle für Lambrettas
nhà thờ	Kirche
Haus Altar	
khách-sạn	Hotel
viện-bảo-tàng	Museum
chùa	Pagode
nhà bưu-điện	Postamt
Haus Post	
quảng-trường	Platz
hiệu-ăn	Restaurant
danh-lam-thắng-cảnh	Sehenswürdigkeiten
quận	Stadtbezirk
đường, phố	Straße
phường	(Stadt-)Viertel
bến xe tắc-xi	Taxistand
Standplatz Wagen Taxi	
đền	Tempel
nhà hát	Theater
Haus singen	
vườn-bách-thú	Tierpark, Zoo

Transportmittel

xe con	PKW
xe ca	Minibus
xe vận tải	LKW
xe buýt	Bus
xe hơi	Kraftwagen, Auto
Wagen Gas	
tàu thủy	Schiff
Fahrzeug Wasser	
máy bay	Flugzeug
Apparat fliegen	
xích-lô	Fahrradrikscha
xe gíp	Jeep
xe lam	Lambretta
xe (gắn) máy	Moped
xe mô-tô	Motorrad
xe đạp	Fahrrad
Wagen treten	
tàu hỏa	Eisenbahn
Fahrzeug Feuer	
đò-ngang, phà	Fähre

*Mit **xe ôm** ist eine Moped-„Rikscha" gemeint.*

mit Taxi & Rikscha

Nhờ anh đưa tôi ra ga!

bitten Bruder bringen ich hinaus Bahnhof
Zum Bahnhof, bitte!

Der Fahrpreis ist besser schon bei Fahrtantritt auszuhandeln.

Đi đến chợ Bến-thành mất bao-nhiêu tiền?

fahren zu Markt Ben-thanh kosten wieviel Geld
Wie viel kostet die Fahrt zum Ben-thanh-Markt?

Xin dừng xe ở-đây!

bitten anhalten Wagen hier
Bitte halten Sie hier!

Xin chờ tôi (một phút)!

bitten warten ich (eine Minute)
Bitte warten Sie (einen Moment).

mit dem Zug

Lúc nào tàu khởi-hành?

Moment welcher Zug abfahren
Wann fährt der Zug ab?

Lúc nào chúng-ta đến ...?

Moment welcher wir ankommen ...
Wann kommen wir in ... an?

khởi hành	abfahren
đến (N), tới (S)	ankommen
vé đi tàu	Fahrkarte
Karte fahren Zug	
cửa bán vé	Fahrkartenschalter
Tür verkaufen Karte	
bảng giờ tàu	Fahrplan
Tafel Zeit Zug	
va-li	Koffer

im eigenen Fahrzeug

In Vietnam herrscht Rechtsverkehr. Wenn noch vor zehn Jahren die Radfahrer die Straßen „beherrschten", so wird das Bild heute zunehmend von Mopeds und Motorrädern bestimmt. Das soll jedoch nicht etwa heißen, dass es nun weniger Fahrräder gäbe! Die relativ wenigen Autos bahnen sich mittels „Dauerhupen" einen Weg durch das Gewimmel. Viele Menschen haben dabei ihr Verhalten der Motorisierung und der wachsenden Verkehrsdichte nur kaum oder gar nicht angepasst, so dass es ständig schwere Unfälle gibt.

Seit wenigen Jahren kann man als Ausländer auch Mopeds und sogar Pkw mieten.

🔊 **Tôi muốn thuê một xe gíp / xe đạp.**
ich wollen mieten ein Wagen Jeep / Wagen treten
Ich möchte einen Jeep / ein Fahrrad mieten.

🔊 **Thuê xe mất bao-nhiêu tiền trong ngày?**
mieten Wagen kosten wieviel Geld in Tag
Wie hoch ist der Tagessatz für einen Mietwagen?

🔊 **Lấy xăng ở-đâu?**
nehmen Benzin wo
Wo kann man tanken?

🔊 **Ở-đây mua xăng được không?**
hier kaufen Benzin möglich nicht
Kann man hier tanken?

Im Süden sagt man auch **nước** *für „Sprit" (eigentlich „Öl").*

dầu diezen	Diesel
nước làm nguội	Kühlwasser
dầu	Öl
xăng	Benzin

Panne

Xe tôi bị hỏng.
Wagen ich erleiden kaputt
Ich habe eine Panne.

Xưởng chữa xe ở-đâu?
Werkstatt reparieren Wagen wo
Wo ist eine KFZ-Werkstatt?

Xin dắt hộ xe tôi cho-đến xưởng sửa-chữa!
bitte abschleppen helfen Wagen ich bis-zu Werkstatt reparieren
Bitte schleppen Sie mich zu einer Werkstatt ab!

Xin kiểm-tra ...   **Hình như ... hỏng.**
bitten überprüfen ...   *anscheinend ... kaputt*
Bitte überprüfen Sie ... Es scheint, als wäre ... kaputt.

bộ khởi động	Anlasser
ống xả khí	Auspuff
ắc-quy	Batterie
phanh, hãm	Bremse
săm / ruột (S/N)	Schlauch

bộ ly hợp	Kupplung
đèn	Lampe
máy điện đèn	Lichtmaschine
động cơ	Motor
vỏ / lốp (S/N)	Reifen
thiết bị điện	E-Anlage
hộp số	Getriebe
máy điều hòa	Klimaanlage
bộ tản nhiệt	Kühler
bộ giảm xóc	Stoßdämpfer
bộ chế hòa khí	Vergaser
máy bơm nước	Wasserpumpe
bu-yi	Zündkerze

Unfall

Als Ausländer in einen Unfall verwickelt zu werden, kann böse Folgen haben, egal, wer der Verursacher war. Man kann deshalb jedem, egal, ob Rad- oder Kraftfahrer, nur empfehlen, sich in Ruhe mit den örtlichen Gepflogenheiten vertraut zu machen. Oft reagieren Verkehrsteilnehmer unerwartet und ohne jede „Vorwarnung".

Allein das Abbiegeverhalten der Radfahrer ist ein Kapitel für sich, nicht zu reden vom technischen Zustand der Fahrzeuge, abenteuerlichen Bremstechniken mit der schlappenden Kautschuksandale usw.

🎵 **Tôi bị tai-nạn giao-thông.**
ich erleiden Unfall Verkehr
Ich hatte einen Verkehrsunfall.

🎵 **Anh có bị thương không?**
Bruder haben erleiden verletzen nicht
Sind Sie verletzt?

Übernachten

Im Allgemeinen müsste man in Hotels, Gästehäusern usw. überall mit Englisch auskommen. Das heißt aber nicht, dass alle Angestellten, die man um kleinere Dienstleistungen bitten möchte, gleichermaßen sprachkundig wären.

Ist man in Gegenden unterwegs, die von Touristen nicht häufig aufgesucht werden, können die hier aufgeführten Sätze gute Dienste leisten.

Ở gần đây có Mini-Hotel không?
in nah hier haben Pension nicht
Gibt es hier in der Nähe eine Pension?

Tôi muốn ở-lại đây một đêm.
ich wollen bleiben hier eine Nacht
Ich möchte eine Nacht bleiben.

Một đêm gía bao-nhiêu?
eine Nacht Preis wieviel
Wie viel kostet das pro Tag?

©Nikolai Okhitin@fotolia.com

Tôi muốn thuê một phòng đôi.
ich wollen mieten ein Zimmer Doppel
Ich möchte ein Doppelzimmer.

Xin cho tôi một cái phích (nước sôi).
*bitten geben ich ein Klass. Thermosflasche
(Wasser kochend)*
Bitte geben Sie mir eine Thermosflasche
(kochendes Wasser).

buồng tắm	Bad
khăn-tắm	Badetuch
giường	Bett
là, ủi	bügeln
chăn	Decke
mở, bật	einschalten
khăn-mặt	Handtuch
gói	Kissen
máy điều hòa, máy lạnh	Klimaanlage
chiếu	Matte
màn muỗi	Moskitonetz
mở	öffnen
đóng	schließen
xà-phòng, xà-bông	Seife
phơi khô	trocknen
máy quạt	Ventilator
giặt	waschen (Wäsche)
phòng, buồng	Zimmer
số phòng	Zimmernummer
chìa-khoá buồng	Zimmerschlüssel

Essen & Trinken

Das Alltagsessen der Vietnamesen besteht im Wesentlichen aus Reis und Gemüse. Je nach Geldbeutel gibt es dazu mehr oder weniger häufig Fisch, Fleisch usw. Die Hauptmahlzeiten werden mittags und abends eingenommen. Das Frühstück spielt eine geringere Rolle und wird unterschiedlich gehandhabt. Es kann eine Suppe geben, Reis vom Vortag, in der Stadt auch Brot oder auch nur etwas Heißes zu trinken.

Das Nationalgetränk ist grüner Tee **(chè xanh)**. Auf dem Lande trinkt man auch gern Tee aus frischen Blättern **(chè tươi)**. Der billigste Durstlöscher ist abgekochtes Wasser. In der Stadt erfreuen sich auch Kaffee und Bier einer gewissen Beliebtheit. Insgesamt wird Alkohol aber selten und sparsam genossen. Trotzdem fehlt er auf keiner Feier, und die Vietnamesen prüfen europäische Gäste recht gerne auf ihre Trinkfestigkeit. Angeboten werden in der Regel Fruchtliköre oder Kornschnaps **(lúa mới)** aus offiziellen Brennereien; möglicherweise auch der viel mehr geschätzte Selbstgebrannte **(quõc lũy)**.

Man ist keinesfalls genötigt, solche „Trink"-Späße mitzumachen und kann sich mit einer kleinen Entschuldigung aus der Affäre ziehen. Trunkenheit zu zeigen, ist bei den Vietnamesen kein Zeichen guter Erziehung.

Einen ersten Eindruck von der Vielseitigkeit der vietnamesischen Küche erhält man in den Spezialitätenrestaurants, die man an der Aufschrift **đặc sản** (Spezialitäten) erkennt. Dort braucht man aber eher Englischals Vietnamesisch-Kenntnisse.

Billiger und vielleicht noch landestypischer isst man auf der Straße, das heißt an einem der zahllosen Stände, die verschiedene Gerichte, angefangen von Reis ohne Beilage über Nudelsuppen bis hin zu Hundefleisch, anbieten. Mir hat **phở** immer besonders gut geschmeckt, eine Suppe aus Reisnudeln in einer Bouillon von Rind- oder auch Hühnerfleisch, abgeschmeckt mit Ingwer, Kräutern, Zwiebellauch ..., die man an jeder Ecke bekommt.

Das billigste Obst sind Bananen, die das ganze Jahr hindurch reifen und von denen manche Sorten auch als Gemüse gegessen werden.

In Mittelvietnam, das für seine scharf gewürzte Küche bekannt ist, sollte man unbedingt **bún bò Huế** probieren (frische Reisnudeln mit Rindfleisch in Chili-Bouillon. **Mì quảng** (gelbe Nudeln aus Weizenmehl mit Fleisch, frischen Kräutern, gehackten Erdnüssen) und andere Köstlichkeiten warten im Süden auf hungrige Mägen. Für alle, die zum ersten Mal in Vietnam und nicht sicher sind, wo man was essen sollte: Zu einer Garküche, in der sich viele Einheimische an den Tischen drängen, darf man schon Vertrauen haben. Wo nur **Tây** sitzen, gibt es oft nur „adaptiertes" Essen von Guaven-Sandwich bis **bit-tet** (Beefsteak), aber kaum echte vietnamesische Küche.

Am allerschönsten ist natürlich die Einladung zu einer Familienfeier. Das Essen beginnt ohne große Förmlichkeiten. Wenn der Gastgeber dazu auffordert **(Xin mời ...** „darf ich bitten (zuzugreifen) ...") bzw. selbst beginnt, während die Hausfrau oft nur zum Servieren erscheint und die meiste Zeit in der

Wenn man sich als **Tây** *„ziert", bringt man den Gastgeber möglicherweise in die Verlegenheit zu fürchten, man sei unzufrieden.*

Küche verbringt. Man wünscht keinen „Guten Appetit!". Es ist auch nicht üblich, sich erst ewig bitten zu lassen, ehe man zugreift.

Gegessen wird aus Schälchen und mit Stäbchen. Für Suppe gibt es Porzellanlöffel. Es ist verpönt, mit metallenen Geräten den Geschmack der Speisen zu verderben.

Es ist möglich, dass man an seinem Platz außer der Schale für den Reis noch ein winziges Tellerchen findet. Dieses dient dazu, sich die berühmte vietnamesische Fischsoße **nước mắm** individuell mit Zitrone, Öl, Zucker und Chili abzuschmecken.

Nur der Reis wird vom Gastgeber in die Schälchen gefüllt. Er dient als „Unterlage" für die Happen Fleisch, Pilze, Salat ..., die man aus den verschiedenen Schüsseln probieren kann.

Einem Gast wird man besonders gute Bissen in dessen Schale legen. Beteuerungen, man sei satt, werden nicht helfen, solange man nicht die Essstäbchen nebeneinander quer über die leere Schale gelegt hat.

Als Nachtisch kann es Obst geben. Bananen bricht man in der Mitte durch und schält dann die Hälften. Bananen von einem Ende zu schälen und dann vielleicht noch mit herabhängender Schale „wie ein Affe" zu essen, kann unter Umständen ein gewaltiges Hallo provozieren, über dessen Ursache dann niemand Aufklärung zu geben bereit sein dürfte ... Es gilt als höflich, Früchte zu teilen und dem Platznachbarn davon anzubieten.

Ăn cơm chưa?
essen Reis noch-nicht
Hast du schon gegessen?

Das ist eine mehr als Gruß zwischen Bekannten und Freunden denn als konkrete Frage aufzufassende Formel für die Zeit von etwa 11 bis 4 Uhr. Man kann mit derselben Frage antworten.

Ta đi ăn cơm nhé!
wir gehen essen Reis Aufford.
Lass(t) uns essen gehen!

Anh muốn ăn gì?
Bruder wollen essen was
Was möchtest du essen?

Xin cho tôi xem thực-đơn!
bitten geben ich sehen Speisekarte
Die Speisekarte, bitte!

Tôi muốn ăn thử một món-ăn Việt Nam.
ich wollen essen probieren ein Gericht vietnamesisch
Ich möchte ein vietnamesisches Gericht probieren.

(Cô) cho chúng-tôi hai bát phở gà và hai cốc chè-đá nhé!
(Tante) geben wir zwei Schale Pho Hahn und zwei Glas Eistee Aufford.
Bringen Sie uns zweimal Pho mit Huhn und zwei Gläser Eistee!

Die Gerichte kommen in „stäbchengerechte" Stücken zerlegt auf den Tisch, so dass man beim Essen nicht mit Messern oder anderen „gefährlichen" Geräten hantieren muss.

In den Garküchen und einfachen Imbissstuben bezahlt man sofort. Die Preise stehen oft auf einer großen Tafel, so dass es keine Probleme beim Zusammenrechnen geben dürfte.

Xin thanh-toán lại!

bitten (be)rechnen wieder
Rechnen Sie bitte zusammen!

Üblich ist auch zu sagen **Tính tiền!** *(rechnen Geld)* „Die Rechnung!".

hiệu-ăn	Gaststätte
ăn	essen
uống	trinken
đói	hungrig (sein)
khát	durstig (sein)
no	satt

bữa (ăn)	Mahlzeit
bữa-ăn-sáng	Frühstück
bữa-ăn-trưa	Mittagessen
bữa-ăn-chiều	Abendessen

thực-đơn	Speisekarte
món-ăn-chơi	Vorspeise
món-ăn	Gericht, Speise
đồ-tráng-miệng	Dessert

nĩa / dĩa (S/N)	Gabel
thìa	Löffel
dao	Messer
bát / **tô** (N/S)	Schale
đũa	Stäbchen
đĩa	Teller
ly / cốc (N/S)	Trinkglas

Getränke

đồ-uống	Getränke
rượu	Alkohol
bia	Bier (frz. bierre)
cà-phê-đá	Eiskaffee
chè-đá	Eistee
nước-trái-cây	Fruchtsaft
cà-phê	Kaffee
nước dừa	Kokosmilch
lúa mối	Kornschnaps
nước chanh	Limonade
nước suối	Mineralwasser
quốc-lưi	Selbstgebrannter
nước-chè	Tee
chè xanh	grüner Tee
nước mía	Zuckerrohrsaft

Grüner Tee beschließt die Mahlzeit. Er wird pur genossen. Dadurch schmeckt man das herb-bittere Aroma, und nur so löscht er den Durst.

Speisen

món-ăn	Speisen
đậu-phụ	Bohnenquark, Tofu
cháo	Brühe, Suppe
bơ	Butter (frz. beurre)
miến, bún tàu	chinesische Glasnudeln
chao	fermentiertes Bohnen-mus
cá	Fisch
miến xào	Fleisch, Gemüse, Nudeln gebraten

thịt	Fleisch
ếch	Frosch
cua	Garnele, Krebs
rau	Gemüse
thịt-nấm	Gemüse mit Pilzen
chạo	Gericht aus rohem Fisch/Krebs mit gebratenem Reis
thịt-gà	Hühnerfleisch
tôm-hùm	Hummer
pho-mát	Käse (frz. fromage)
nếp	Klebreis
tôm	Krebs
cháo trai	Muschelsuppe
cơm	Reis (gekocht)
thịt-bò	Rindfleisch
gỏi	roher Fisch/Fleisch, Gemüse
nem Sài-gòn	Saigoner Röllchen
ốc	Schnecke
cá-biển	Seefisch
tiết-canh	Suppe aus Blut, Knorpel usw.
canh	Suppe
xúp	Suppe (europäische)

Aus den Namen der Gerichte geht selten hervor, woraus sie bestehen. Daher ist es im Zweifelsfalle sicherer, vor dem Bestellen die Zusammensetzung in etwa zu erfragen.

Gemüse

rau	Gemüse
cà tím	Aubergine
măng (tre)	Bambussprossen
khoai lang	Batate
súp-lơ, bông cải	Blumenkohl (chou-fleur)
đậu	Bohnen, Erbsen
(rau) giá	Bohnenkeimlinge
rau muối	eingesalzenes Gemüse
lạc	Erdnuss
ớt rau	Gemüsepaprika
lạc rang	geröstete Erdnüsse
dưa chuột	Gurke
cà-rốt	Karotte(n) (frz. carotte)
khoai tây	Kartoffel
bắp-cải	Kohl
bí	Kürbis
kiệu	Lauch, Porree
khoai mì, sắn	Maniok
bắp-cải đỏ	Rotkohl
xà-lách	Salat (frz. salade)
muối	Salz
rau cần tây	Sellerie
đậu nành	Sojabohnen
măng tây	Spargel
khoai sọ	Taro
cà chua	Tomate
rau muống	Wasserwinde
bắp cải trắng	Weißkohl
hành	Zwiebel

Gewürze

đồ gia vị	Gewürze
ớt	Chili, scharfer Paprika
gừng	Ingwer
tỏi	Knoblauch
mùi	Koriander
rau thơm	Küchenkraut (Minzenart)
húng	Minze
đậu khấu	Muskatnuss
rau mùi tây	Petersilie
hạt tiêu	Pfeffer
vừng	Sesam
tương	Sojasoße
nước mắm	vietnamesische Fischsoße
rau húng quế	Wasserminze
đường	Zucker

Obst

trái cây (S), hoa quả (N)	Obst
táo ta	Apfel (vietnames.)
trái gai (S), quả dứa (N)	Ananas
chuối	Banane
mít	Brotfrucht
sầu riêng	Durian
na, mãng cầu	Zimtapfel
ổi	Guave

khế ngọt	Karambola
dừa	Kokos
vải	Litschi
chôm chôm	Litschi mit Stachelhaaren
nhãn	Longane
quất, quít	Mandarine
xoài	Mango
măng cụt	Mangostane
cam	Orange
đu đủ	Papaya
đào	Pfirsich
dưa hấu	Wassermelone
bưởi	Pampelmuse
chanh	Zitrone

Reis

mạ	Reissetzling
lúa	Reispflanze auf dem Feld, die geerntet wird: **gặt lúa** „Reis ernten"
thóc	unenthülste Reiskörner, die man nach dem Dreschen erhält
gạo	schon geschälter, aber ungekochter Reis
cơm	gekochter Reis, wie er gegessen wird: **ăn cơm** „Reis essen"
nếp	Klebreis: **gạo nếp** „ungekochter Klebreis", **cơm nếp** „Klebreis" (wie er gegessen wird)

Reis hat nicht nur einen Namen. Man unterscheidet bei der Benennung nach dem Entwicklungsstand der Pflanze bzw. dem Verarbeitungsgrad der Körner:

Einkaufen

Überall auf den Märkten kann man sein Talent zum Handeln oder besser Feilschen **(mặc cả)** erproben. Man kann davon ausgehen, dass man als **Tây** immer mehr zahlen wird als die Einheimischen. Vor größeren Käufen sollte man sich eventuell erst bei vietnamesischen Freunden erkundigen, welche Preisspanne real ist, oder sie auch bitten, den Kauf stellvertretend abzuwickeln **(mua hộ** „kaufen helfen"; d. h. für jemanden kaufen).

In der Nähe von Hotels, Touristenzentren und dort, wo ausländische Spezialisten wohnen, sind die Preise erfahrungsgemäß besonders hoch.

Tôi muốn ...
ich wollen ...
Ich möchte ...

Cái này giá bao-nhiêu?
Ding dieses Preis wieviel
Wie viel kostet das?

Đắt quá! Không mua được!
teuer zu-sehr, nicht kaufen möglich
Zu teuer! Das kann man nicht kaufen!

Cho xem cái này / cái kia.
geben sehen Stück dieses / Stück jenes
Zeigen Sie mir das hier / jenes dort.

Mua không?
kaufen nicht
Kaufen Sie (es)?

Tôi mua cái này.
ich kaufen Stück dieses
Ich kaufe es.

Ông xuống giá tí nữa đã.
Großvater hinuntergehen Preis etwas noch zuerst
Gehen Sie erst noch etwas im Preis herunter.

🖐 **Để tôi xem chiếc áo kia.**
lassen ich sehen Klass. Hemd jenes
Lassen Sie mich das Hemd dort sehen.

🖐 **Mặc thử được không?**
anziehen probieren möglich nicht
Kann man (es) anprobieren?

🖐 **Cho tôi cỡ to/nhỏ hơn.**
geben ich Größe groß/klein mehr
Geben Sie mir eine größere/kleinere
Nummer.

cửa-hàng	Laden
mậu-dịch-tổng-hợp	Kaufhaus
hàng, hàng-hóa	Ware(n)
sản-phẩm	Produkt, Erzeugnis
bằng ...	aus ... (Material)
... bạc	Silber
... vàng	Gold
... xương	Fischbein
... ngà	Elfenbein
hiệu-sách	Buchladen
quyển sách	Buch
bản-đồ	Landkarte
bản-đồ thành-phố	Stadtplan
giấy viết thư	Briefpapier
Papier schreiben Brief	
bút-bi	Kugelschreiber
mỹ-phẩm	Kosmetik(a)

thuốc-đánh-răng	Zahnpasta
bàn-chải-răng	Zahnbürste
xà-bông	Seife
bột giặt	Waschpulver
Pulver waschen	
giấy vệ-sinh	Toilettenpapier
Papier Hygiene	
băng vệ-sinh	Damenbinde
hàng-mỹ-nghệ	Kunstgewerbe
nón	konischer Strohhut
làn	Korb aus Reisstroh
áo thêu	bestickte Bluse
áo ki-mô-nô	Kimono
hàng sơn mài	Lackmalereiwaren
mành	Rollvorhang
hàng cói	Produkte aus Binsen
Ware Binsen	
vải	Stoff(e)
lụa	Seide
vải bông	Kattun
Stoff Baumwolle	
quần áo	Kleidung
Hose Hemd	
quần bò	Jeanshose
Hose Rind	
giầy dép	Schuhwerk
Schuh Sandale	

Zu Besuch sein

Wird man eingeladen, schadet es nicht, eine Kleinigkeit mitzubringen, z. B. Zigaretten oder Süßigkeiten und dergleichen. Hat sich der Gastgeber in Unkosten gestürzt, um den Gast zu bewirten (womit man rechnen muss), kann man sich auf diesem Wege revanchieren. Kennt man die Familie und ihre Lebensbedingungen sehr gut, macht man ihr sicher auch mit einem hochwertigen Haushaltsartikel eine große Freude, ohne sie dadurch in Verlegenheit zu bringen. Hat man das Haus erst einmal betreten und die Einrichtung gesehen, wird es an Geschenkideen nicht fehlen.

Wenn möglich, begrüßt man immer zuerst das älteste Mitglied der Familie, wobei eine leichte Verbeugung sehr höflich ist, danach den Nächstjüngeren usw. Kleineren Kindern lächelt man einfach nur zu. Oft werden sie aber dem Gast zugeschoben mit den Worten **Chào cô đi!** (Grüß die Tante!), und dann antwortet man mit **Chào cháu** (Grüß dich!).

Das Vorstellen bzw. Bekanntmachen überlässt man demjenigen, der die Einladung ausgesprochen hat. Förmlich geht es dabei nicht zu.

Nhà kann nicht nur „Haus", sondern auch „Familie" oder „Ehepartner" bedeuten:

🎵 **Xin cảm-ơn vì lời mời đến thăm nhà ông.**
bitten danken für Wort einladen zu besuchen Haus/Familie Großvater
Ich bedanke mich für die Einladung in Ihr Haus/Ihre Familie.

Außer den Gesprächsthemen, die schon in den Kapiteln „Begrüßen & Verabschieden", „Kleine Unterhaltung" und „Essen & Trinken" behandelt werden, gehören Fragen nach der persönlichen Gesundheit, den Eltern, der Familie zu jeder Unterhaltung. Sicher möchte man auch wissen, wie dem Gast Vietnam gefällt usw.

Anh có khỏe không?
Bruder haben gesund nicht
Wie geht es Ihnen?

Cảm-ơn, tôi khỏe.
danke, ich gesund
Danke, es geht mir gut.

Anh có thích nước Việt Nam không?
Bruder haben gern-haben Land Vietnam nicht
Gefällt Ihnen Vietnam?

Cô-gái Việt Nam có đẹp không?
Mädchen Vietnam haben schön nicht
Sind die vietnamesischen Mädchen schön?

(Có) đẹp chứ!
(haben) schön verstärkende-Endpartikel
Und ob sie schön sind!

Fotografieren

Fotografieren ist kein Problem, wenn man vorher die Erlaubnis einholt. Die dankbarsten Modelle sind natürlich die Kinder, die über ein zuverlässiges Nachrichtensystem blitzschnell erfahren, wann und wo ein **Tây** mit Kamera auftaucht und dann in hellen Scharen herbeiflitzen, um sich in Positur zu stellen.

🔊 **Xin cho tôi chụp một cái.**
bitten geben (Erlaubnis) ich fotografieren ein Stück
Bitte lassen Sie mich ein Foto machen.

🔊 **Tôi chụp em một cái nhé!**
ich fotografieren jüngeres-Geschwister ein Stück Aufford.
Ich mache ein Foto von dir, ja?

Etwas Vorsicht und Takt ist gegenüber Bettlern angebracht. Man muss sie nicht unbedingt merken lassen, dass man sie ablichtet. Wer sieht schon gern sein Elend als Touristenattraktion für reiche **Tây** behandelt? Dass man für solche Dokumentationen andere Gründe als ihre Demütigung haben könnte, ist für sie nicht nachvollziehbar.

🔊 **Bấm vào đây!**   **(Xin) cười lên!**
drücken hinein hier   *(bitten) lachen hinauf*
Hier draufdrücken!   (Bitte) lächeln!

Xin anh chụp tôi một cái!
bitten du fotografieren ich ein Stück
Mach bitte eine Aufnahme von mir!

Xin rửa phim này.
bitte waschen Film dies
Bitte diesen Film entwickeln.

Bao-giờ (thì) xong?
wann (dann) fertig
Wann wird das fertig sein?

Anh in hộ mỗi ảnh một cái.
Bruder drucken helfen jedes Foto ein Stück
Von jedem Bild bitte ein Abzug.

máy ảnh	Fotoapparat
Apparat Foto	
phim	Film
phim màu	Farbfilm
Film Farbe	
phim trắng đen	Schwarzweißfilm
Film weiß schwarz	
chụp-ảnh	fotografieren
rửa-phim	Film entwickeln
âm-bản	Negativ
dương-bản	Positiv
hiệu ảnh	Fotoatelier
Laden Foto	

Krank sein

Nach Vietnam sollte man nicht ohne eine gut zusammengestellte Reiseapotheke fahren. Viele Medikamente sind knapp und kaum in den Apotheken **(hiệu thuốc)** zu bekommen. Auf dem Markt kann man zwar alles kaufen, aber – ganz abgesehen von den Preisen – ist vor allem vor gefälschten Waren **(hàng dởm)** zu warnen, die sehr geschickt in Originalverpackungen angeboten werden. Auch „echte" Medikamente aus aller Herren Länder werden nicht unbedingt von pharmazeutisch ausgebildeten Leuten gehandelt. Vorsicht ist also immer geraten.

Tôi bị ...	Ich bin/habe/leide an ...
... thương	... verletzt.
... tai-nạn	... einen Unfall gehabt.
... bệnh (S),	... krank.
... ốm (N)	
... đau	... Schmerzen.

Braucht man wirklich einen Arzt, fragt man am besten gleich im Hotel nach. In Hanoi kann man sich auch direkt an das Internationale Krankenhaus **(Bệnh viện quốc tế)** wenden. Sehr viele Ärzte sprechen Englisch, Französisch usw. Ist man unterwegs auf Hilfe angewiesen, kommt man jedoch ohne ein paar Worte Vietnamesisch nicht mehr klar.

Auf den Dörfern gibt es **trạm y tế** *(medizinische Stützpunkte) als Anlaufstelle für Notfälle. Ihre materielle Ausstattung ist oft sehr bescheiden. Das ist aber kein Gradmesser für die Fähigkeiten des Personals!*

Tôi không được khỏe.
ich nicht können gesund
Ich fühle mich nicht wohl.

Tôi cần đến bác-sĩ.
ich brauchen zu Arzt
Ich brauche einen Arzt.

Tôi thấy trong người khó chịu.
ich fühlen in Körper schwer erträglich
Mir ist übel.

Tôi ăn không ngon miệng.
ich essen nicht schmackhaft Mund
Ich leide an Appetitlosigkeit.

Anh đau gì?
Bruder Schmerz was
Was für Schmerzen haben Sie?

Cho xem đau ở-đâu?
geben sehen Schmerz wo
Zeigen Sie bitte, wo es wehtut.

Tôi bị đau ...
ich erleiden Schmerz ...
Mir tut ... weh.

cánh-tay	Arm
mắt	Auge(n)
bụng	Bauch, Leib
ngực	Brust(korb)
ngón-tay	Finger
chân	Fuß, Bein

cổ	Hals, Nacken
bàn-tay	Hand
tay	Hand, Arm
tim	Herz
xương	Knochen
đầu	Kopf
gan	Leber
phổi	Lunge
miệng, mồm	Mund
mũi	Nase
tai	Ohr(en)
răng	Zahn
ngón-chân	Zehe
lưỡi	Zunge

Toi bị ...
ich erleiden ...
Ich habe/leide an ...

dị-ứng	Allergie
bệnh-ly (do) amip	Amöbenruhr
cơn	Anfall, Ausbruch
bệnh-hen	Asthma
cơn-hen	Asthmaanfall
ngất-đi	Bewusstsein verlieren
chảy-máu	bluten
huyết-áp cao	hoher Blutdruck
huyết-áp thấp	niedriger Blutdruck
(có) máu trong phân	Blut im Stuhl

Krank sein

Wenn Sie gesundheit-
liche Probleme
vermeiden wollen:
Nur abgekochtes
Wasser trinken!
Keine Blattsalate,
kein ungeschältes
Obst essen!
Speiseeis und
Eiswürfel sind ein
Risikofaktor!
Baden in Tümpeln
unbedingt vermeiden!

(có) máu trong nước-đái	Blut im Urin
nôn, nôn-mửa	sich übergeben, brechen
buồn-nôn	Brechreizempfinden
ký-sinh-trong	Endoparasiten
viêm	Entzündung
viêm ruột-thừa	Blinddarm-entzündung
viêm-phổi	Lungenentzündung
cảm, cảm-lạnh	Erkältung
mệt-nhọc	Erschöpfung
(rắn) cắn	gebissen (von Schlange)
cúm	Grippe
cơn-đau -tim	Herzanfall
trúng-nắng	Hitzschlag, Sonnenstich
gẫy xương	Knochen gebrochen
quặn-đau, đau-quặn	Kolik
bệnh	Krankheit
trúng-thực	Lebensmittel-vergiftung
sốt rét	Malaria
ỉa-chảy	Durchfall
đau	Schmerz(en)
suy-nhược	Schwäche
cháy-nắng	Sonnenbrand
bỏng	verbrannt

sai-khớp	verrenkt, verstaucht
táo-bón	Verstopfung
da trầy	wundgeriebene Haut
giun-sán	Würmer
bệnh-đái-đường	Zuckerkrankheit

Behandlung

trị bệnh	behandeln (Krankheit)
kết-luận	Diagnose
phẫu-thuật	Operation
tiêm	spritzen, Spritze
đo nhiệt-độ	Temperatur messen

Medikamente

thuốc-tẩy (nhuận-trường)	Abführmittel
thuốc-kháng-sinh	Antibiotikum
liệu-dùng	Dosierung
ba lần trong ngày	dreimal täglich
thuốc-chữa-ỉa-chảy	Durchfallmittel
thìa to, thìa xúp	Esslöffel
thuốc-giải-nhiệt	fiebersenkendes Mittel
thuốc-men	Medikament
uống thuốc	Medikament einnehmen
thuốc-bột	Puder

thuốc-mỡ	Salbe
thuốc-ngủ	Schlafmittel
thuốc-chữa-đau	Schmerzmittel
viên	Tablette
thìa con	Teelöffel
giọt	Tropfen
thuốc-sán	Wurmmittel
thuốc dùng ngoài	Nur zur äußeren Anwendung!
không uống được	Nicht zum Einnehmen!

©Holger Mette@fotolia.com

Post

Bei der Post müsste man mit sich auf Englisch verständigen können.

🔊 **Xin chỉ hộ tôi nhà bưu-điện gần đây nhất.**
bitte zeigen helfen ich Haus Post nah hier höchst
Bitte zeigen Sie mir, wo sich das nächste Postamt befindet.

Tôi muốn đánh điện sang nước Đức / Áo / Thụy-sĩ.
ich wollen schlagen Telegramm nach Land Deutschland / Österreich / Schweiz
Ich möchte ein Telegramm nach Deutschland / Österreich / Schweiz aufgeben.

lá-thư	Brief
bưu-kiện	Paket
bưu-điện, điện-tín	Telegramm
tem	Briefmarke
thư nhanh	Eilbrief
gửi bảo-đảm	als Einschreiben
schicken geschützt	
gửi máy bay	per Luftpost
schicken Apparat fliegen	

Falls Sie ein Fax senden wollen: Das heißt dann **gửi fax**.

Telefonieren

Will man unterwegs telefonieren, dann von der Post aus. In dringenden Notfällen kann man sich außerdem überall dorthin wenden, wo es „Diensttelefone" gibt (Polizeiwachen, Hotels, Ämter ...). In der Innenstadt Hanois gibt es außerdem öffentliche Telefone **(điện-thoại),** die mit Karten **(the)** zu benutzen sind.

Kaufen Sie Telefonkarten nur auf Postämtern, nicht bei „fliegenden Händlern" auf der Straße!

Tôi cần gọi điện-thoại.
ich brauchen rufen Telefon
Ich muss telefonieren.

Tôi cần gọi đến thành-phố ...
ich brauchen rufen nach Stadt ...
Ich muss nach ... anrufen.

Có phải qua tổng-đài không?
haben müssen über Telefonzentrale nicht
Muss die Verbindung über das Amt gehen?

Phải quay thêm số bao-nhiêu?
müssen drehen dazu Nummer wieviel
Welche Vorwahl muss man wählen?

Số điện-thoại của sân-bay Tân Sơn Nhất là bao-nhiêu?
Nummer Telefon von Flughafen Tan Son Nhat sein wieviel
Wie ist die Telefonnummer vom Flughafen Tan Son Nhat?

🎧 **A-lô! Ai đâý?**   **A-lô, ... đây.**
hallo, wer dort   *hallo, ... hier*
Hallo? Wer ist am   Hallo, ... ist hier.
Apparat?   (wenn man sich kennt)

🎧 **Tôi là ... đang nói đây.**
ich sein ... gerade sprechen hier
Hier spricht ...

🎧 **Tôi đang nghe ông nói.**
ich gerade hören Großvater sprechen
Ich höre Sie.

🎧 **Xin nói to hơn một chút.**
bitten sprechen groß mehr ein enig
Sprechen Sie bitte etwas lauter.

🎧 **Không thấy họ trả-lời.**
nicht erkennen sie antworten
Dort meldet sich niemand.

🎧 **Máy đang bận.**
Apparat gerade besetzt
 Besetzt.

Formalitäten

Formalitäten gilt es normalerweise nur dort zu erledigen, wo man auch über sprachkundige Mitarbeiter verfügt (Zoll, Polizei, Bank ...). Hier ist ebenfalls nicht unbedingt Vietnamesisch nötig. In problematischen Situationen dürfte es sogar angebracht sein, stur auf die Hinzuziehung eines Dolmetschers zu bestehen, um sich nicht in noch größere Schwierigkeiten zu bringen.

Zustimmen & Ablehnen

Tôi (không) đồng-ý.
ich (nicht) einverstanden
Ich bin (nicht) einverstanden.

Hay lắm.	**Rất tốt**
interessant sehr	*sehr gut*
Sehr schön. Prima!	Sehr gut.

Rất vui lòng.	**Tuyệt-vời!**
sehr froh Gefühl	*einzigartig*
Mit Vergnügen.	Ausgezeichnet!

Điều này không thể được.	**Không nên!**
Sache diese nicht können möglich	*nicht sollen*
Das geht nicht.	Lieber nicht!

🔊 **Rất tiếc là tôi không thể ...**
sehr schade sein ich nicht können ...
Bedauerlicherweise kann ich nicht ...

🔊 **Rất tiếc, tôi bận.**
sehr schade, ich beschäftigt
Tut mir Leid, aber ich bin beschäftigt.

🔊 **Không, xin cảm-ơn.   Có-lẽ.**
nein, bitten danken   Vielleicht.
Nein, danke!

🔊 **Tôi chưa biết.**
ich noch-nicht wissen
Ich weiß noch nicht.

🔊 **Điều đó chưa chắc.**
Sache dort noch-nicht sicher
Das steht noch nicht fest.

Ausrufe

Ausrufe sind ganz typisch für Gesprächs-
situationen. Es gilt als höflich, während der
Unterhaltung durch kurze Äußerungen er-
kennen zu lassen, dass man zuhört, zu-
stimmt, mitfühlt ... Selbst, wenn man
streckenweise nichts versteht, ist es besser, we-
nigstens „ja" oder „aha" zu sagen, als ganz
stumm zu bleiben.

Vâng. (N)/ **Dạ.** (S)	Ja. (höflich)
À!	Ah! Oh! (Freude, Verwunderung)
À!, Thế à!	Ah, ja? Ah, so ist das! (höflich)
Úi chà!	Ach je! (Bedauern)
Ái chà!	Ach, du liebe Güte!
Thế hả?	Ist das so?
Ôi!	Ach! Oh weh! (Klage, Schmerz)
Ôi giời ơi!	Ach, herrjemine!
Giời ơi!,	Du lieber Himmel!
Ú!	Ausruf des Missfallens
Ủa?	Was? (Verwunderung)
Thât ư?	Ist das wirklich wahr?
Ồ!, Ố!	oh!, ah! (Freude, Erstaunen)
A!, À!	Freude, Bewunderung
À đẹp nhỉ!	Oh, wie schön!
Tuyệt vời!	Prima!, Einwandfrei!
Ghê quá!	Schrecklich!
Chết cha!	Wie entsetzlich!
Chết!, **Chết rồi!**	Ach, du Schreck! (für alles, was nicht klappt, kaputtgeht ...)
Mặc!, Mặc kệ!	Lass (doch)!; Was soll's!

Beschimpfungen

Hier gilt wie für so vieles: Sparsamer und gezielter Einsatz erhöht die Wirkung. Wird man tatsächlich schlimm belästigt (Straßenkinder, Bettler …) kann ein „starkes" Wort schon einmal helfen, besonders durch den Überraschungseffekt (ein **Tây** schimpft auf Vietnamesisch!). Prinzipiell halte ich aber nicht allzu viel davon, zumal die Beschimpften meist Menschen sind, deren Leben an sich schon eine einzige Erniedrigung ist. Was sind dagegen schon Mutterflüche (auf die ich hier verzichten möchte)?

Cút (cho) đi!	Hau ab!
Cút ấy!, Cút ỉa!	Scheiße!
Chém cha!	Verflucht!
Thằng dốt!	Idiot!
Thằng bờm!	Dummkopf!
Đồ ngu!	Blödian!
Đồ tồi!	Flegel!
Đồ ăn hại!	Nichtsnutz!
Cẩu mã!	Schweinehund!
Bú dù!	Du Affe!
Đồ đĩ!	Dreckige Hure!
Đồ xác!	Dürres Gestell!
Thằng đểu!	Unverschämter Halunke!

Nichts verstanden?

Sicherlich wird man nicht immer alles verstehen. Hier einige hilfreiche Sätze zum Nachfragen.

Anh có hiểu tôi nói không?
Bruder haben verstehen ich sprechen nicht
Verstehen Sie mich?

Tôi không hiểu.   Xin nhắc-lại.
ich nicht verstehen   *bitten wiederholen*
Ich verstehe nicht.   Wiederholen Sie bitte!

À thế à. Bây-giờ tôi hiểu.
ah, jetzt ich verstehen
Ah, jetzt verstehe ich.

Từ này phát-âm như-thế-nào?
Wort dieses Phonetik auf-welche-Weise
Wie spricht man dieses Wort aus?

Chữ này viết như-thế-nào?
Wort dieses schreiben auf-welche-Weise
Wie schreibt man dieses Wort?

Cái này tiếng Việt là cái gì?
Ding dieses Sprache vietnamesisch sein was
Was heißt das auf Vietnamesisch?

Xin ghi hộ cho tôi chữ này.
bitten notieren helfen für ich Wort dieses
Schreib mir bitte dieses Wort auf.

Toilette

In teuren Hotels gelten natürlich internationale Standards. Im Landesdurchschnitt sind die hygienischen Verhältnisse weitaus problematischer. Es gibt nicht überall Kanalisation, von Abwasseraufbereitung ganz zu schweigen. Fäkalien werden oft direkt in Flüsse geleitet oder auf Gemüsefelder (Kopfdüngung!) gebracht ...

Bei den Toiletten reicht die Bandbreite von WC bis „Balken", d. h. Loch im Fußboden. Die Örtchen heißen **nhà vệ-sinh**" („Haus Hygiene"). Die Aufschriften **nam** (Männer) und **nữ** (Frauen) kennzeichnen die jeweilige Tür. Toilettenpapier **(giấy vệ-sinh")** ist nicht immer vorhanden. Es ist zudem teuer, so dass man vielerorts zu Zeitung oder Lappen greift. Es ist günstig, sich in dieser Beziehung „exkursionsmäßig" auszurüsten.

Xin lỗi, nhà vệ-sinh ỏ-đâu?
bitten entschuldigen, Haus Hygiene wo
Entschuldigung, wo ist die Toilette?

Hilferufe

Wenn ein Notfall eintritt, prägen Sie sich zumindest den Hilferuf ein. Sie können auch mit dem Finger auf die entsprechenden Sätze zeigen.

Cứu với!
retten mit
Zu Hilfe!

Xin giúp tôi!
bitten helfen ich
Bitte helfen Sie mir!

Tôi bị rắn / bọ-cạp cắn.
ich erleiden Schlange / Skorpion beißen
Ich wurde von einer Schlange / einem Skorpion) gebissen.

Tôi bị tai-nạn.
ich erleiden Unfall
Ich hatte einen Unfall.

Tôi cần đến bác-sĩ / xe cấp-cứu.
ich brauchen zu Arzt / Wagen erste-Hilfe
Ich brauche einen Arzt / Rettungswagen.

Tôi bị tấn-công / cướp-đoạt / trộm-cắp.
ich erleiden angreifen / rauben / stehlen
Ich wurde angegriffen / beraubt / bestohlen.

Tôi là người Đức / Áo / Thụy-sĩ.
ich sein Mensch deutsch/österreichisch/schweizerisch
Ich bin Deutscher/Österreicher/Schweizer.

🖐 **Xin đưa tôi đến bệnh-viện /
đồn công-an / đại-sứ-quán Đức.**
*bitten bringen ich zu Krankenkaus /
Wache Polizei / Botschaft deutsch*
Bitte bringen Sie mich zum Krankenhaus /
zur Polizei / zur deutschen Botschaft.

🖐 **Xin cho tôi uống nước / ăn một miếng.**
bitten geben ich trinken Wasser / essen ein Bissen
Geben Sie mir bitte etwas zu trinken /
zu essen.

🖐 **Ở-đâu có-thể gọi điện-thoại được?**
wo können rufen Telefon möglich
Wo kann man telefonieren?

🖐 **Xin (báo) cho đại-sứ-quán Đức biết đến
chuyện này.**
*bitten (melden) geben Botschaft deutsch wissen zu
Vorfall dieser*
Bitte benachrichtigen Sie die deutsche
Botschaft von diesem Vorfall.

Literaturhinweise

Die hier genannten Bücher/Schriften sind nicht über den Reise Know-How Verlag erhältlich.

Wer sich intensiver mit der vietnamesischen Sprache beschäftigen möchte, dem sei der „Grundkurs Vietnamesisch" von **Hoàng Thị Châu** (Leipzig 1982) und der „Aufbaukurs Vietnamesisch" von **Nguyễn văn Mệnh** (Leipzig 1990) empfohlen. Beide Bände sind als Hochschullehrbücher konzipiert, jedoch auch für Autodidakten geeignet.

An Wörterbüchern für den Einsteiger sind zu empfehlen: „Wörterbuch Deutsch – Vietnamesisch" von **Hồ gia Hương, Đỗ Ngoan** und **Winfried Boscher** mit 12.000 Stichwörtern (Leipzig 1964) und das (wesentlich bessere) Wörterbuch „Vietnamesisch – Deutsch" von **Winfried Boscher** unter Mitarbeit von **Phạm trung Liên** mit 25.000 Stichwörtern (Leipzig 1978).

Umfangreichere Wörterbücher, insbesondere in Kombination mit Englisch, Französisch, Russisch usw. gibt es vor Ort in großer Auswahl.

World Mapping Project™

Das world mapping project™ ist eine Synthese aus hochkarätigem kartographischen Handwerk, technologischem Know-How und lebendigem Abenteuergeist.

Vietnam, Nord

1 : 600 000
70 x 100 cm
978-3-8317-7151-6

Vietnam, Süd

1 : 600 000
70 x 100 cm
978-3-8317-7157-8

Laos

1 : 600 000
70 x 100 cm
978-3-8317-7111-0

Kambodscha

1 : 500 000
70 x 100 cm
978-3-8317-7100-4

Thailand

1 : 1 200 000
70 x 100 cm
978-3-8317-7129-5

Indochina

1 : 1 200 000
70 x 100 cm
978-3-8317-7072-4

www.reise-know-how.de

Kauderwelsch Sprechführer für die Region

M.L. Latsch, H. F.-Latsch
Hochchinesisch
ISBN 978-3-89416-459-1

F. Hauser, K. Sommer
Chinesisch kulinarisch
ISBN 978-3-89416-779-0

K. Sommer, Xie Shu-Kai
Taiwanisch
ISBN 978-3-89416-348-8

F. Hammes, Y. S. Hammes
Kantonesisch
ISBN 978-3-89416-099-9

F. Reissinger
Tibetisch
ISBN 978-3-89416-541-3

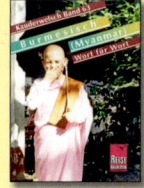

P. Myint Maung
Burmesisch (Myanmar)
ISBN 978-3-89416-539-0

M. Lutterjohann
Thai
ISBN 978-3-89416-457-7

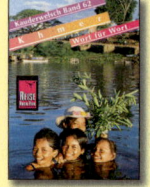

S. Samnang, C. Götze-Sam
Khmer
ISBN 978-3-89416-881-0

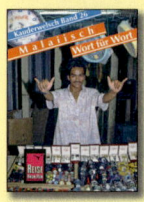

M. Lutterjohann
Malaiisch
ISBN 978-3-89416-047-0

www.reise-know-how.de

Wörterliste Deutsch – Vietnamesisch

©TMAX@fotolia.com

Frauen aus Sapa

Die Wörterlisten enthalten einen Grundwortschatz von ca. 1000 Wörtern. Vokabular, das man in den einzelnen Kapiteln nachschlagen kann, ist hier nicht immer aufgeführt. Das grammatische Geschlecht der Hauptwörter ist immer angegeben. Die Eigenschaftswörter werden nur in ihrer männlichen Form angegeben.

A

abbiegen **rẽ**
Abend, abends **buổi tối**
Abenddämmerung **hoàng hôn**
aber **nhưng mà**
abfliegen **cất cánh**
Abführmittel **thuốc nhuận tràng, thuốc tẩy**
abnehmen (Masse) **sút cân**
Abort **cầu tiêu**
abwesend sein **vắng mặt**
acht **tám**
Adresse **địa chỉ**
Affe **con khỉ**
ähnlich (wie) **giống (như)**
alle beide **cả hai (đều)**
alle, alles **tất cả**
alle, jeder **mọi**
allein **một mình**
allmählich **dần dần**
Almosen geben **bố thí**
als (Beding.) **như**

als (zeitl.) **khi**
als ob **như là**
alt (nicht jung) **già**
alt (nicht neu) **cũ**
alt, antik **cổ**
Altar **bàn thờ**
Alter (Lebens-) **tuổi**
Ameise **con kiến**
analphabetisch **mù chữ**
Ananas **dứa**
Anfall **cơn**
anfangen **bắt đầu**
Angestellter **nhân viên**
angreifen **tấn công**
ängstlich (sein) **sợ**
anhalten **dừng**
anlässlich **nhân dịp**
antworten **trả lời**
Anzug **bộ quần áo**
applaudieren **vỗ tay**
April **tháng tư**
Arbeit **công việc**
arbeiten **làm việc**
Arbeiter **công nhân**
ärgerlich (sein) **tức**
Arm **cánh tay**
arm **nghèo**
Aroma **hương thơm**
Arzt **bác sĩ**

Aschenbecher **cái gạt tàn**
Asien **châu Á**
atmen **thở**
auch **cũng**
auf, oben **trên**
aufbrechen, starten **xuất phát**
Aufgabe **nhiệm vụ**
aufmerksam (sein) **chú ý**
aufstehen, erwachen **ngủ dậy**
Augen **mắt**
August **tháng tám**
ausatmen **thở ra**
Ausland **nước ngoài**
ausprobieren **thử**
ausschalten (Licht) **tắt đèn**
außerhalb **ngoài**
Auster **con hàu**
auswechseln **thay đổi**
Auto **xe hơi, xe ô-tô**

B

backen **làm bánh**
baden **tắm**
Badezimmer **buồng tắm**
Bahnhof **nhà ga**

bald **sắp**
Bambus **tre**
Bambussprossen **măng**
Banane **chuối**
Bank **ngân hàng**
Bauch **bụng**
bauen **xay dựng**
Baum **cây**
Baumpilz (essbar) **mộc nhĩ**
Baumwolle **bông**
beabsichtigen **định**
Bedeutung **nghĩa**
bedrohen **đe dọa**
beenden **kết thúc**
begegnen (sich) **gặp (nhau)**
begrüßen **chào**
behandeln (Med.) **trị (bệnh)**
Behörde **cơ quan**
beide **cả hai (đều)**
Bein **chân**
beißen **cắn**
bekommen **nhận**
belästigen **làm phiền**
Benzin **ét xăng**
berechnen **tính toán**
bereit **sẵn sàng**

Berg **núi**
besonders **đặc biệt**
bestrafen **phạt**
besuchen **thăm**
betrachten **ngắm nhìn**
Betrieb **xí nghiệp**
betrügen **lừa, lừa đảo**
betrunken **say rượu**
Bett **giường**
betteln **ăn mày**
Bettler **người ăn mày**
Bettzeug **chăn chiếu**
bezahlen **trả tiền**
Bibliothek **thư viện**
Bier **bia**
Bild **tranh**
billig **rẻ, rẻ tiền**
bis, zu, nach **đến**
Bitte! (höfl.) **Không dám!**
bitten **xin**
blau **xanh lam**
bleiben **ở lại**
Bleistift **bút chì**
blind **mù**
Blume **hoa**
Bluse **chiếc áo**
Blut **máu, huyết**

Blutdruck **huyết áp**
Blutegel **đỉa**
bluten **chảy máu**
Boden **đất đai**
Bohne, Erbse **đậu**
Bonze, buddhist.
  Priester **ông sư**
Boot **thuyền**
Botschaft (dipl.)
  đại sứ quán
Botschafter **đại sứ**
Brand **đám cháy**
Brauch **phong tục**
brauchen **cần**
Bremse **phanh**
Brief **lá thư**
Briefmarke **tem**
Brille **cái kính**
Brille tragen
  đeo kính
bringen **đem**
Brot **bánh mì**
Brunnen **giếng**
Brust (weibl.) **vú**
Brustkorb **ngực**
Buch **quyển sách**
buchen **đặt trước**
Buchladen
  hiệu sách
Buchstabe **chữ cái**
Bucht **vịnh**
Buddha **Ông bụt**

Buddhastatue
  tượng phật
Buddhismus
  Phật giáo
Büffel **trâu**
Bügeleisen **bàn là**
bügeln **là quần áo**
Burma **Miến-điện**
Büro **văn phòng**
Bus **xe buýt**
Butter **bơ**

C

Chauffeur
  người lái xe
China **Trung quốc**
Chirurg
  nhà phẫu thuật
Christentum
  Cơ đốc giáo
Creme **kem**
Curry **ca-ri**

D

Dach **mái**
Dachgarten
  sân thượng
dahinter **ở phía sau**
damit, um zu **để mà**
danach **sau đó**
Dank **lời cảm ơn**

dankbar (sein)
  biết ơn
danken **cảm ơn**
Darm **ruột**
Darsteller **diễn viên**
dass **rằng**
Datum **ngày tháng**
dauern **kéo dài**
Daumen
  ngón tay cái
Decke **cái chăn**
Decke (Haus)
  trần nhà
Deckenventilator
  quạt trần
Deich **con đê**
denken **nghĩ**
Denkmal
  tượng kỷ niệm
deshalb
  vì thế cho nên
desinfizieren **sát**
  trùng
deutsch **Đức**
Deutsche(r)
  người Đức
Deutschland
  nước Đức
Dezember
  tháng mười hai
dick (Buch, Mauer ...)
  dày
dick (Lebew.) **béo**

dies **cái này**
diese(r,s) **này**
Ding **cái**
Dokument(e)
　văn kiện
Dose **hộp**
drehen (sich) **quay**
dringend **cấp bách**
Droge, Heilmittel
　thuốc
drohen (be-) **đe dọa**
drucken **in**
Dschungel **rừng rậm**
duften(d) **thơm**
dumm **ngu**
dunkel **tối**
dünn (kl. Umfang)
　mỏng
dünn (wässrig) **loãng**
dünn, mager **gầy**
Durchfall **ỉa chảy**
Durian **sầu riêng**
Durst (haben) **khát**

E

echt, wahr
　thật, thực
Ecke **gốc**
ehe **trước khi**
Ehefrau **vợ**
Ehemann **chồng**

Ehepaar
　cặp vợ chồng
Ei(er) **trứng**
Eidechse **thằn lằn**
eifersüchtig **ghen**
Eigenname
　tên riêng
Eigentum **của riêng**
eilen **vội**
eilig **vội vàng**
ein(s) **một**
einander **lẫn nhau**
einatmen **hít vào**
Einbahnstraße
　đường một chiều
einfach **dễ dàng**
einige **mấy**
einladen **mời**
eintreten **vào**
einzeln (Person)
　cá thể, riêng lẻ
Eis (Natur) **băng**
Eis(würfel) **nước đá**
Eisen **sắt**
Eisenbahn **xe lửa**
Eiskaffee **cà-phe đá**
Eistee **chè đá**
Eiter **mủ**
Elefant **con voi**
Elektrizität **điện lực**
Eltern **bố mẹ,**
　cha mẹ

empfangen (Dinge)
　nhận
empfangen (Gäste)
　đón
Ende **sự kết thúc**
eng **hẹp**
eng verbunden
　thân thiết
England **nước Anh**
englisch **Anh**
Enkel **cháu**
Ente **con vịt**
entscheiden
　quyết định
entschuldigen (jmdn.)
　tha lỗi (cho ai)
entschuldigen (sich)
　xin lỗi
entstehen
　hình thành
entwickeln (sich)
　phát triển
Erdball **quả đất**
Erdbeben **địa chấn**
Erde **đất**
Erdnüsse **lạc**
Ereignis **sự kiện**
erforderlich
　cần thiết
erholen (sich)
　nghỉ ngơi
erinnern (sich) **nhớ**
erkältet sein **bị cảm**

Erkältung **bệnh cảm**
erklären **giải thích**
erlangen **đạt, được**
Ersatzteile **phụ tùng**
erstaunt (sein)
 ngạc nhiên
erste(r/s) **đầu tiên,**
 thứ nhất
Erster Klasse
 hạng nhất
es gibt **có**
essen **ăn**
Essen (Bankett)
 bữa tiệc
Essen (Mahlzeit)
 bữa ăn
Etage **lầu, tầng**
etwa **khoảng**
etwas (irgend-)
 cái gì đó
etwas, ein wenig
 một chút, một ít
existieren **tồn tại**
exportieren
 xuất khẩu

F

Fabrik **nhà máy**
Fächer **quạt**
Fächertanz **múa**
 quạt

Faden **chỉ**
Fahrrad **xe đạp**
Fahrzeug, Wagen **xe**
fallen (hin-) **ngã, rơi**
fallen lassen **thả rơi**
falls, wenn **nếu**
Familie **gia đình**
Familienname **họ**
fangen **bắt**
Farbe **màu sắc**
Farbfilm **phim màu**
fast **gần, gần như**
faul (Mensch)
 lười biếng
faul, verfault
 mục nát
Februar **tháng hai**
fehlen **thiếu**
Fehler **sai lầm**
Feier **buổi lễ**
Feiertag **ngày lễ**
feilschen **mặc cả**
Felge (Radkranz)
 vành xe
Fell **lông**
Fels **núi đá,**
 tảng đá
Fenster **cửa sổ**
Fernsehen **vô tuyến**
 truyền hình
Fernsehgerät
 máy ti-vi
Festland **đất liền**

Fett **mỡ**
fett(ig) **có mỡ**
feucht **ướt**
Feuer **lửa**
Feuerwehr
 đội cứu hỏa
Fieber **sốt**
finden **tìm thấy**
Finger **ngón tay**
Fisch **con cá**
flach, eben **phẳng**
Flachland
 đồng bằng
Flasche **cái chai**
Fleisch **thịt**
fliegen (aktiv) **bay**
fliegen (Flugzeug)
 đi máy bay
fliehen **trốn**
fließen **chảy**
flirten **chim chuột**
Flügel **cánh**
Flugplatz **sân bay**
Flugticket
 vé máy bay
Flugzeug **máy bay**
Fluss **con sông**
Flussschildkröte
 con ba ba
folgen **đi theo**
Fotoapparat
 máy ảnh
Fotografie **bức ảnh**

fotografieren **chụp ảnh**
Frage **câu hỏi**
fragen **hỏi**
Frankreich **nước Pháp**
französisch **Pháp**
Frau **phụ nữ, đàn bà**
Frau (Anrede) **bà**
Fräulein (Anrede) **cô**
frei **tự do**
frei, unbelegt **trống**
fremd **lạ**
freuen (sich) **vui mừng**
Freund **bạn**
Freundin **bạn gái**
freundlich **niềm nở**
Frieden **hòa bình**
frieren **rét run**
frisch (Obst ...) **tươi**
frisch, kühl **mát mẻ**
Friseur(laden) **hiệu cắt tóc**
Frosch **con ếch**
Frosch (essbar) **gà đồng**
Frucht **quả**
früh **sớm**
führen (hin-) **dẫn**
Füllfederhalter **bút máy**

für **cho**
fürchten, sich (vor) **sợ hãi (trước)**
Fuß **chân**
Fußboden **sân nhà**

G

Gabel **nĩa**
Gans **con ngỗng**
Garnele **tôm**
Garten **vườn**
Gas **chất hơi, chất khí**
Gas geben **mở ga**
Gas wegnehmen **tắt ga**
Gasse **ngõ hẻm**
Gast **khách**
Gastgeber **người tiếp khách**
Gaststätte **quán ăn**
Gastwirt **chủ quán**
Gattin **phu nhân**
gebären **sinh đẻ**
Gebäude **ngôi nhà**
geben **cho**
Gebetsgong (buddh.) **mộc ngư**
gebräuchlich **thông dụng**
Geburtstag **sinh nhật**

Gefahr **nguy cơ**
gefährlich **nguy hiểm**
Gefängnis **nhà tù**
Geflügel **gia cầm**
gegenseitig **lẫn nhau**
geheim **bí mật**
Geheimnis **điều bí mật**
gehen **đi**
gelb, golden **vàng**
Geld **tiền**
Gelegenheit **dịp**
Geliebte(r) **người yêu**
Gemeinde **xã**
Gemüse **rau**
gemütlich, geborgen **ấm cúng**
genau **chính xác**
genug **đủ**
gerade (jetzt) **đang**
gerade(aus) **thẳng**
Geschäft (Laden) **cửa hàng**
Geschäft (Tätigk.) **công việc**
geschehen **xảy ra**
Geschichte (Hist.) **lịch sử**
Geschmack (Essen) **khẩu vị**

Geschmack, Neigung
sở thích
Geschwindigkeit
tốc độ
Geschwister
anh chị em
Gesellschaft **xã hội**
Gesellschaft (Firma)
công ty
Gesetz **luật**
Gesicht **khuôn mặt**
Gestank, stinken
mùi hôi
gestatten **cho phép**
Gesundheit
sức khỏe
Getränk **đồ uống**
Getreide **lúa má**
gewandt **khéo**
gewinnen **thắng**
gewiss **chắc chắn**
Gewitter **mưa giông**
gewöhnen
làm cho quen
Gewohnheit
thói quen
gewöhnt (an)
đã quen (với)
Gewürz **đồ gia vị**
Gewürzkräuter
rau thơm
Gift **chất độc**

Giftschlange
rắn độc
Gipfel (Berg)
đỉnh núi
Glas (Material)
thủy tinh
Glas (Trink-) **cốc**
Glasscheibe
tấm kính
glauben **tin**
gleichberechtigt
bình đẳng
gleichfalls
cũng (như) thế
gleichzeitig
đồng thời
Glück **hạnh phúc**
glücklich (sein)
sung sướng
Glühbirne
bóng đèn điện
Gold **vàng**
Grad (Wissensch.) **độ**
Grammatik
ngữ pháp
Gras **cỏ**
gratulieren
chúc mừng
grausam **dã man**
Grenze **biên giới**
Grippe **bệnh cúm**
groß **lớn, to**

Größe (Kleid. u. ä.)
cỡ
Großeltern **ông bà**
Großstadt
thành phố lớn
grüner Tee
chè xanh
Gruppe **nhóm**
grüßen **chào**
gültig (sein)
có giá trị
Gummi **cao-su**
günstig **thuận lợi**
gurgeln **súc miệng**
Gurke **dưa chuột**
Gürtel (Kleid.)
thắt lưng
gut **tốt**
gutaussehend (Mann)
đẹp trai
Gymnastik **thể dục**

H

Haar (Kopf-) **tóc**
haben **có**
Hai **cá mập**
halb **nửa**
Halbinsel **bán đảo**
Hälfte **nửa**
Hals **cổ**
Haltestelle **bến xe**
Hammer **cái búa**

Handel treiben **buôn bán**
handeln, etwas tun **hành động**
Handkorb **làn**
Handtuch **khăn mặt**
hart **cứng**
Hase **con thỏ rừng**
hassen **ghét**
Hauptstadt **thủ đô**
Haus **cái nhà**
Hausherr **chủ nhà**
Haut **da**
Hautcreme **kem bôi da**
heben **nâng lên**
Heimweh haben **nhớ nhà**
heiraten **cưới, kết hôn**
heiß **nóng**
helfen **giúp đỡ, hộ**
hell **sáng**
Hemd **chiếc áo**
Herz **trái tim**
herzlich, vertraut **thân mật**
hier **ở đây**
Himmel **trời**
hinaus **ra**
hinausgehen **ra**
hinfallen **ngã**
hinführen **dẫn**

hinunter **xuống (dưới)**
hinuntergehen **xuống, đi xuống**
hinweisen **chỉ dẫn**
hinzufügen **bổ sung**
hoch **cao**
Hochschule **trường đại học**
höchst **cao nhất**
Hof **sân**
höflich **lịch sự**
Holz **gỗ**
hören **nghe**
Hose **quần**
Hotel **khách sạn**
hübsch **xinh**
Hubschrauber **máy bay trực thăng**
Huhn **con gà**
Hummer **tôm hùm**
Hund **con chó**
hungrig (sein) **đói (bụng)**
husten **ho**
Hut **mũ**
Hygiene **vệ sinh**

I

ich **tôi**
im Gegenteil **ngược lại**

immer **luôn luôn**
impfen **tiêm (phòng)**
importieren **nhập khẩu**
in **ở, trong**
Indien **nước ấn-độ**
Industrie **nền công nghiệp**
Ingenieur **kỹ sư**
Inhalt **nội dung**
Insekt **sâu bọ**
Insel **hòn đảo**
intelligent **thông minh**
interessant **thú vị**
interessieren sich (für) **quan tâm (đến)**
international **quốc tế**
irgendetwas **cái gì đó**
Islam **đạo hồi**

J

ja **có, vâng**
jagen **đi săn**
Jäger **người đi săn**
Jahreszeit **mùa**
jung **trẻ**
Jurist **luật gia**

K

Kamm **cái lược**
kämmen (Haare)
   chải tóc
Kanal **sông đào**
Kaninchen
   con thỏ nhà
kaputt **hư hỏng**
Kartoffel **khoai tây**
Käse **pho-mát**
Kerze **cây nến**
Kino
   rạp chiếu bóng
Kirche **nhà thờ**
Klammer **cái kẹp**
Klasse (Kategorie)
   hạng
Klasse (Schule)
   lớp học
kleben **dán**
Klebstoff **keo dán**
Kloster **tu đạo viện**
Knoblauch **tỏi**
Knospentee
   chè búp
Koch
   người nấu bếp
Koffer **va-li**
Kohl **rau cải**
Kohle **than**
kommen **đến, tới**

kompliziert
   phức tạp
König **nhà vua**
Konsul **lãnh sự**
Konsulat
   lãnh sự quán
kontrollieren
   kiểm tra
Kopf **đầu**
Korea **Triều tiên**
Körper, Leib
   thân thể
Korridor **hành lang**
kostbar **quý báu**
Kosten (bestreiten)
   chi phí
Krabbe **cua**
Krebs **tôm**
Krieg **chiến tranh**
kritisieren **phê bình**
Krokodil **cá sấu**
Küche **gian bếp**
Kuchen **bánh ngọt**
Kugelschreiber
   bút bi
Kühlschrank **tủ lạnh**
Kunst **nghệ thuật**
kunstgewerbliche
   Waren **sản phẩm**
   mỹ nghệ
künstlerisch
   nghệ thuật
kunstvoll **mỹ nghệ**

Kupfer **đồng**
kurz **ngắn**
Kuss **cái hôn**
küssen **hôn**
Küste **bờ biển**

L

lächeln **mỉm cười**
lachen **cười**
Lack **sơn**
Lage (geogr.) **vị trí**
Lage (Zustand)
   tình trạng
Laken **khăn trải**
   giường
Lampe **cái đèn**
Land (nicht Stadt)
   nông thôn
Land (nicht Wasser)
   đất nước
Landkarte **bản đồ**
Landwirtschaft **nền**
   nông nghiệp
landwirtschaftlich
   nông nghiệp
lang (Entfernung) **dài**
lang(e) (Zeit) **lâu**
langsam **chậm**
Laos **nước Lào**
Lastwagen
   xe vận tải

laufen, rennen **chạy**
laut **ồn ào**
leben **sống**
Leben **đời sống**
Lebensmittel
　lương thực
lehren **giảng dạy**
Lehrer (allgem.)
　giáo viên
Lehrer (der)
　thầy giáo
Lehrerin **cô giáo**
Leiche **xác chết**
leicht (nicht schwer)
　nhẹ nhàng
leider **đang tiếc**
leihen (aus-) **vay**
leihen, sich (von)
　mượn (của)
Leitung (elektr.)
　dây điện
lernen **học tập**
lesen **đọc**
letzte(r) **cuối cùng**
lieben **thương,**
　yêu mến
liebenswert
　đáng yêu
Lied **bài hát**
links **trái**
Liter **lít**
Literatur **văn học**
Lob **lời khen**

Loch **cái lỗ**
Löffel **thìa**
Lohn, Gehalt
　lương, tiền lương
Lotos **sen**
Luft **không khí**
Luftweg **đường**
　hàng không
lügen **nói dối**
luxuriös, Luxus **xa xỉ**

M

machen **làm**
Mais **ngô**
Mal **lần**
Malaysia
　nước Mã-lai
malen **vẽ**
man **người ta**
männlich **nam**
Massage
　sự xoa bóp
Matte **chiếu**
Maus **con chuột**
Medikament
　thuốc men
Medizin (Wissensch.)
　y học
Medizin **thuốc men**
Meer, See (die) **biển**
Mehl **bột**
mehr **nhiều hơn**

Meinung **ý kiến**
Meldung
　sự thông báo
Menge, Quantität
　số lượng
Mensch **con người**
Messer **con dao**
Metall **kim loại**
Meter **mét**
Methode
　phương pháp
mieten **thuê**
Milch **sữa**
mild (Klima) **ôn hòa**
Minister **bộ trưởng**
Ministerium **bộ**
Minute **phút**
mitteilen **báo tin**
Monsun **gió mùa**
Moor, Sumpf
　lầy bùn
Moped **xe máy**
Morgendämmerung
　bình minh
Motorrad **xe mô-tô**
müde **buồn ngủ**
Müll **rác bụi**
Musik **âm nhạc**
müssen **phải**
Mutter **má** (S), **mẹ**
Muttersprache
　tiếng mẹ đẻ

N

nach **sau**
nachahmen
 bắt chuớc
Nachbar
 **láng giềng,
 người láng giềng**
nachdenken
 suy nghĩ
Nachricht **tin tức**
nachsichtig; mild
 (Strafe)
 khoan dung
nächstes Mal
 lần sau
Nadel **kim**
nähen **may, khâu**
Nähmaschine
 máy khâu
Name **tên**
Nation **dân tộc**
Nationalität **quốc
 tịch**
Natur (Landschaft)
 thiên nhiên
natürlich (n. künstl.)
 tự nhiên
Neffe **cháu**
nein **không**
neu **mới**
nicht **không**
Nichte **cháu**

niemals
 không bao giờ
noch einmal
 một lần nữa
Norden (Gebiet)
 miền Bắc
Norden (Richtung)
 phía Bắc
normal **bình thường**
normalerweise
 nói chung
Notizbuch
 quyển sổ tay
Nudeln **miến**
Null **số không**
Nummer **số**
nur **chỉ**
nutzen **sử dụng**
nützlich **có ích**

O

oben **ở trên**
Obst (N) **quả cây**
Obst (S) **trái cây**
oder **hay (là) hoặc
 (là)**
Ofen **lò**
offiziell **chính thức**
öffnen **mở ra**
oft **thường**
ohnmächtig (werden)
 ngất (đi)

Ökonomie **kinh tế**
Öl **dầu**
Opium **thuốc phiện**
Organ **cơ quan**
organisieren **tổ chức**
Ort (Platz) **chỗ**
Ort **nơi**

P

Päckchen **gói nhỏ**
Paket **bưu kiện**
Palast **cung điện**
Papier **giấy**
Parfüm **nước hoa**
parfümierter Tee
 chè ướp
parken (Wagen)
 đậu (xe)
Parkplatz
 chỗ đậu xe
Pass **hộ chiếu**
passen (Kleid.)
 vừa vặn
passen, stehen
 (Kleid.) **hợp**
Patient **bệnh nhân**
Petroleum **dầu lửa**
Pfarrer (protestant.)
 mục sư
Pferd **con ngựa**
pflanzen **trồng trọt**

Pflicht **nghĩa vụ**
Philosophie
triết học
Pilz **nấm**
Plateau **cao nguyên**
Politik **chính trị**
Polizei **công an**
Polizeirevier
đồn công an
Post(amt) **bưu điện**
Postkarte **bưu thiếp**
Postpaket **bưu kiện**
Preis senken **hạ giá**
Preis **giá cả**
preiswert **hời (giá)**
Priester (kathol.)
linh mục
Problem **vấn đề**
Produkt **sản phẩm**
produzieren
sản xuất
Professor **giáo sư**
Programm
chương trình
Prothese (Zahn)
răng giả
Provinz **tỉnh**
Prozent **phần trăm**
Pullover **áo len**

Q

Quadrat **vuông**
Qualität **chất lượng**
Quelle **nguồn**

R

Rad **bánh xe**
Rad fahren
đi xe đạp
Radiogerät
máy thu thanh
Rand **mép**
rasieren (sich)
cạo râu
Rasiermesser
dao cạo
Rauch **khói**
rauchen **hút thuốc**
reagieren **phản ứng**
rechnen (be-)
tính toán
Rechnung ausstellen
làm hóa đơn
Rechnung begleichen
thanh toán
Rechnung **hóa đơn**
rechtmäßig **hợp lý**
rechts **bên phải**
rechtzeitig **kịp thời**
reden **nói**
reduzieren **giảm bớt**

Regel (Prinzip)
quy tắc
regeln **điều chỉnh**
Regen **mưa**
Regenzeit **mùa mưa**
Regierung
chính phủ
registrieren
ghi vào sổ
regnerisch **hay mưa**
reich **giàu**
reichlich **đầy đủ**
Reisebüro
công ty du lịch
reisen **du lịch**
reparieren **sửa chữa**
respektieren
tôn trọng
Resultat **kết quả**
retten **cứu**
Revolution
cuộc cách mạng
richtig **đúng**
Riesenschlange
con trăn
Rind **con bò**
Ring (Kettenteil)
vòng xích
Ring (Schmuck)
nhẫn
Rock **cái váy**
Rose **hoa hồng**
rückständig **lạc hậu**

Ruderboot **thuyền chèo**

rufen, nennen **gọi**

rufen, schreien **kêu**

Rufname **tên gọi**

ruhen **nghỉ**

ruhig **bình tĩnh, yên tĩnh**

rund **tròn**

Rundfunk **đài phát thanh**

rundweg **ngay thẳng**

Russe **người Nga**

russisch **Nga**

rutschen **trượt**

S

sagen **nói, báo**

Salz **muối**

salzig **mặn**

sammeln **thu tập**

Sand **cát**

Sandale **dép**

Sandbank **bãi cát**

Satz (Garnitur) **bộ**

Satz (Grammatik) **câu**

sauber **sạch sẽ**

säubern **tẩy sạch**

sauer **chua**

säuerlich **chua chua**

schaden **làm hại**

Schaden **sự thiệt hại**

schädlich **có hại**

Schaf **con cừu**

Schale (Gefäß) **bát, chén**

Schale (Hülle) **vỏ**

schälen (Obst usw.) **bóc vỏ**

Schallplatte **đĩa hát**

scharf (Geschmack) **cay**

schauen **nhìn, ngắm**

Schauspiel **vở kịch**

Schauspieler **diễn viên(kịch)**

scheiden lassen **ly hôn, ly dị**

schelten **mắng** (N)

Schere **cái kéo**

scherzen (Spaß) **bêng đùa**

scheußlich **kinh tởm**

schicken, senden **gởi** (S), **gửi** (N)

Schicksal **số phận**

schießen **bắn**

Schiff **tàu thủy**

Schildkröte **con rùa**

Schimmel **mốc**

schimmeln **bị mốc**

schlafen **ngủ**

Schlafzimmer **phòng ngủ**

schlagen **đánh**

Schlamm, Schmutz **bùn**

schlammig **lầy bùn**

Schlange **con rắn**

Schlüssel **chìa khóa**

schmutzig **bẩn**

schneiden **cắt**

schnell **nhanh**

schon **đã, rồi**

schön **đẹp**

schön, interessant **hay**

schreiben **viết**

schüchtern, scheu **nhút nhát**

Schuhe **giày**

Schule **trường học**

Schüler **học sinh**

schwach **yếu**

schwarz **đen**

Schweden **nước Thụy-điển**

Schwein **con heo** (S), **con lợn** (N)

Schweiß **mồ hôi**

Wörterliste Deutsch – Vietnamesisch

Schweiz **nước Thụy-sĩ**

Schwemmland **phù sa**

schwimmen **bơi**

schwitzen **toát mồ hôi**

See, der **cái hồ**

seekrank (sein) **bị say sóng**

Seele **linh hồn, tâm hồn**

Segel **cái buồm**

Sehenswürdigkeiten **danh lam thắng cảnh**

Seide **tơ lụa**

Seife **xà phòng**

Seil **dây thừng**

sein **là**

seit **từ**

seitdem **từ khi**

Seite (Buch) **trang**

Seite (Richtung) **bên, phía**

Sekt **rượu sâm-banh**

Sekunde **giây**

selbst **tự, tự mình**

selbstbewusst (sein) **tự tin**

selbstverständlich **dĩ nhiên, tất nhiên**

selten **hiếm (có)**

Senf **mù tạt**

Silber **bạc**

singen (Mensch) **hát**

singen (Vogel) **hót**

Situation **tình hình**

sitzen **ngồi**

skizzieren **vẽ phác**

Slang **tiếng lóng**

so genannt **gọi là**

Socke **bít tất ngắn**

soeben **vừa mới**

Sohn **con trai**

Sojabohne **đậu nành**

solch(e/er/es) **như thế (này)**

sollen **nên**

sonnenbaden **tắm nắng**

sowohl ... als auch ... **cả ... lẫn ..., vừa ... vừa ...**

Spargel **măng tây**

sparsam **tiết kiệm**

Speiseeis **kem**

Spezialist **chuyên gia**

Spiegel **gương**

Spiel **trò chơi**

spielen **chơi**

Spielzeug **đồ chơi**

Spinat **rau ba lăng**

Sport **thể thao**

Sprache **ngôn ngữ**

Sprache, Stimme **tiếng nói**

Springbrunnen **giếng phun**

spritzen (Med.) **tiêm**

spritzen (Wasser) **phun**

Staatsstraße **quốc lộ**

Stadion **sân vận động**

Stadt **thành phố**

stark **mạnh**

starten (Sport) **khởi hành**

stechen (Insekt) **đốt**

stehen (nicht sitzen) **đứng**

stehlen **ăn cắp**

steigen (Berg usw.) **trèo lên**

steigen (Preis, Temperatur) **tăng lên**

Stein **đá**

steinig **đầy đá**

stellen **đặt, để**

Stempel **con dấu**

stempeln **đóng dấu**
Steppdecke
   chăn bông
sterben **chết**
sterben (höfl.)
   từ trần
sterben (salopp)
   ngoẻo
sticken **thêu**
Stift, Feder, Pinsel
   bút
Stil (Archit.) **kiểu**
Stil (Lebens-)
   phong cách
Stil (Literat.)
   văn phong
Stoff **vải**
Strand **bãi biển**
Straße **đường** (S),
   phố (N),
   đường phố
Straßenbahn
   xe điện
Straßenkreuzung
   ngã tư
Streichholz anzünden
   quẹt diêm
Streichhölzer **diêm**
Streichholzschachtel
   bao diêm
streiten **tranh cãi**
Strom (elektr.) **điện**

Strumpf **bít tất**
Student **sinh viên**
Stuhl (Mediz.)
   phân người
Stuhl (Möbel)
   cái ghế
stumm **câm**
suchen **tìm**
Süden (Gebiet)
   miền Nam
Süden (Richtung)
   phương Nam
süß **ngọt**
Symbol
   vật tượng trưng

T

Tabak **thuốc lá**
Tabak für Wasser-
   pfeife **thuốc lào**
Tablett **mâm**
Tag **ngày, hôm**
täglich **hàng ngày**
tagsüber **ban ngày**
Taifun **đại phong**
Tal **thung lũng**
tanzen (westl.)
   nhảy (đầm)
tanzen **múa**
Tasse **tách**
tauschen (um-) **đổi**

Taxi **xe tắc xi**
Tee (Blätter) **chè, trà**
Tee (Getränk)
   nước chè
Tee brühen **pha chè**
Teekanne **bình trà**
Telefon **điện thoại**
Telefonapparat
   máy điện thoại
telefonieren
   gọi điện thoại
telegrafieren
   đánh điện
Teller **đĩa**
Tempel **đền (miếu)**
Termin verschieben
   (bis) **hoãn lại**
   (đến)
teuer (lieb) **yêu qúy**
teuer (Preis) **đắt**
Thailand
   nước Thái-lan
Tiger **con cọp,**
   con hổ, con hùm
Tisch **bàn**
Tochter **con gái**
Toilette **nhà vệ sinh**
Toilettenpapier
   giấy vệ sinh
Tomate **cà chua**
tot **chết**
töten **giết chết**

Tradition
 truyền thống
tragen (Brille usw.)
 đeo (kính)
tragen (Kleidung)
 mặc (áo)
tragen (auf ...) **gánh**
tragen (befördern)
 mang
tragen auf Arm (Kind)
 bế (con)
tragen auf Schulter
 vác
treffen (begegnen)
 gặp
treffen (Ziel)
 trúng (đích)
Treppe **cầu thang**
trocken **khô**
trocknen **phơi khô**
Tropen
 vùng nhiệt đới
Tunnel **đường hầm**
Tür **cửa**
Turm **tháp**

U

üben **luyện tập**
überall
 khắp mọi nơi
überdrüssig **chán**

überfluten
 tràn ngập
überqueren **đi qua**
Überschwemmung
 nạn lụt
übersetzen (Leute)
 cho ... sang
übersetzen (Sprache)
 dịch
Übersetzer
 người phiên dịch
um zu ... **để (mà)**
Umgebung
 hoàn cảnh
umtauschen **đổi**
Umwelt **môi trường**
und **và**
Unfall **tai nạn**
unglaublich **không
 thể tin được**
Universität **trường
 đại học**
unschuldig **vô tội**
unsinnig **vô lý**
unterhalten (sich)
 **nói chuyện (với
 nhau)**
Unterhemd **áo lót**
Unterhose **quần lót**
unterrichten (lehren)
 dạy
unterscheiden
 phân biệt

unterschreiben
 ký tên
Urlaub haben
 nghỉ phép

V

Valuta, Devisen
 ngoại tệ (mạnh)
Vater **bố, cha**
verabreden (sich)
 hẹn
verabschieden, sich
 (von) **chia tay
 (với ...)**
verbieten **cấm**
Verbindung **liên hệ**
verborgen, verleihen
 cho vay
Verbrechen **tội nặng**
verdauen **tiêu hóa**
verfluchen
 nguyền rủa
vergessen
 quên mất
vergleichen **so sánh**
verhöhnen
 chửi, mắng (S)
verkaufen **bán**
Verkehr (Straße)
 giao thông

Verkehrsmittel **phương tiện giao thông**

verlassen **rời bỏ**

verleihen an jmd. **muợn cho người nào**

verlieren (Dinge) **mất**

verlieren (Niederl.) **thua**

verloben (sich) **hứa hôn**

vermeiden **tránh khỏi**

vermieten **cho thuê**

verrückt werden **phát điên**

verrückt **điên**

verschieden **khác nhau**

verschwinden **biến mất**

versprechen (etwas) **hứa**

versprechen (sich) **nói nhầm**

verstehen **hiểu**

versuchen **thử**

verwandt sein (mit) **bà con (với)**

verzeihen (jmdm.) **tha lỗi (cho ai)**

vietnam. Volkstanz **múa xòe**

Viper (grüne) **rắn lục**

vorbereiten **chuẩn bị**

vorschlagen **đề nghị**

vorsichtig, behutsam **cẩn thận**

vorstellen (jmdn.) **giới thiệu**

vorstellen (sich) **tự giới thiệu**

vorstellen (sich etw.) **tưởng tượng**

W

Waffen **vũ khí**

Wahrheit **sự thật**

warten **chờ, đợi**

Wasser, Land **nước**

Wasserwinde **rau muống**

wechseln **đổi, trao đổi**

wechseln (aus-) **thay đổi**

Weg **đường**

wegwerfen **vứt đi**

weil **vì**

weinen **khóc**

Welt **thế giới**

wenig **ít**

wer? **ai?**

werden (zu) **trở nên (thành)**

werfen **ném**

Westler **người Tây**

wichtig **quan trọng**

wieder **lại, lần nữa**

willkommen **hoan nghênh**

Wirtschaft(s-) **kinh tế**

wissen **biết**

Wissen **sự hiểu biết**

Wissenschaft **khoa học**

wo? **ở đâu?**

Wochenende **cuối tuần**

wohin? **đi đâu?**

wohnen **sống ở**

Wolke **mây**

Wolle **len**

wollen, wünschen **muốn**

Wort **chữ, từ**

Wunde **vết thương**

Wurzel **rễ cây**

Z

zählen **tính, đếm**
zahlen **trả tiền**
Zähne putzen
  đánh răng
zeichnen **vẽ**
Zeitschrift **tạp chí**
Zeitung **tờ báo**
Zentrum **trung tâm**
zerbrechen **đánh vỡ**
zerbrechlich **dễ vỡ**
zerbrochen **vỡ**

zerreißen **xé**
Zigarette
  điếu (thuốc lá)
Zigaretten **thuốc lá**
Zigarre **xi-ga**
Zikade **ve sầu**
Zimmer **gian phòng**
zu sehr **quá**
zu viel **nhiều quá**
Zucker **đường**
zuerst **trước hết**
zufrieden **hài lòng**
zuhören **lắng nghe**

zum Beispiel
  ví dụ như
zunehmen (Masse)
  lên cân
Zunge **lưỡi**
zurückkehren
  trở về, trở lại
zusammen
  cùng (nhau)
Zweiter Klasse
  hạng nhi
Zwiebel **củ hành**
zwingen **bắt buộc**

Wörterliste Vietnamesisch – Deutsch

A

ai? wer?
Anh englisch
anh chị em
  Geschwister
áo len Pullover
áo lót Unterhemd

Ă

ăn essen
ăn cắp stehlen
ăn mày betteln

Â

âm nhạc Musik
ấm cúng gemütlich,
  geborgen

B

ban ngày tagsüber
bao diêm Streich-
  holzschachtel
bay fliegen (aktiv)
bà Frau (Anrede)

bà ngoại Groß-
  mutter (Mutter)
bà con (với) ver-
  wandt sein (mit)
bà nội Großmutter
  (Vaters)
bài hát Lied
bàn Tisch
bàn là Bügeleisen
bàn thờ Altar
bác Onkel (älterer)
bác sĩ Arzt
bán verkaufen
bán đảo Halbinsel

bánh mì Brot
bánh ngọt Kuchen
bánh xe Rad
báo tin mitteilen
bát Schale (Gefäß)
bạc Silber
bạn Freund
bạn gái Freundin
bản đồ Landkarte
bãi biển Strand
bãi cát Sandbank
băng Eis (Natur)
bắn schießen
bắt fangen
bắt buộc zwingen
bắt chước
  nachahmen
bắt đầu anfangen
bẩn schmutzig
báo sagen
béo dick (Lebew.)
bế (con) tragen auf
  Arm (Kind)
bên Seite (Richtung)
bên phải rechts
bến xe Haltestelle
bệnh cảm Erkältung
bệnh cúm Grippe
bệnh nhân Patient
bia Bier
bí mật geheim
bị cảm erkältet sein

bị mốc schimmeln
bị say sóng
  seekrank (sein)
biên giới Grenze
biến mất
  verschwinden
biết ơn dankbar
  (sein)
biết wissen
biển Meer, See (die)
bình minh Morgen-
  dämmerung
bình đẳng
  gleichberechtigt
bình thường normal
bình tĩnh ruhig
bình trà Teekanne
bít tất Strumpf
bít tất ngắn Socke
bóc vỏ schälen
  (Obst usw.)
bóng đèn điện
  Glühbirne
bóng đùa scherzen,
  Spaß
bông Baumwolle
bố Vater
bố mẹ Eltern
bố thí Almosen
  geben
bộ Satz (Garnitur)
bộ Ministerium

bộ quần áo Anzug
bộ trưởng Minister
bột Mehl
bổ sung hinzufügen
bơ Butter
bơi schwimmen
bờ biển Küste
buôn bán Handel
  treiben
buồn ngủ müde
buồng tắm
  Badezimmer
buổi lễ Feier
buổi tối Abend(s)
bùn Schlamm,
  Schmutz
bút Stift, Feder,
  Pinsel
bút bi Kugel-
  schreiber
bút chì Bleistift
bút máy Füllfeder-
  halter
bụng Bauch
bưu điện Post(amt)
bưu kiện Paket
bưu kiện Postpaket
bưu thiếp Postkarte
bức ảnh Fotografie
bữa ăn Essen (Mahl-
  zeit)

bữa tiệc Essen (Bankett)

C

ca sấu Krokodil
cao hoch
cao nhất höchst
cao nguyên Plateau
cao-su Gummi
ca-ri Curry
cay scharf (Geschmack)
cà chua Tomate
cà-phe đá Eiskaffee
cá mập Hai
cá thể einzeln (Person)
cái Ding
cái buồm Segel
cái búa Hammer
cái chai Flasche
cái chăn Decke
cái đèn Lampe
cái gạt tàn Aschenbecher
cái ghế Stuhl (Möbel)
cái gì đó (irgend)etwas
cái hôn Kuss
cái hồ See (der)

cái kéo Schere
cái kẹp Klammer
cái kính Brille
cái lỗ Loch
cái lược Kamm
cái này dies
cái nhà Haus
cái váy Rock
cát Sand
cạo râu rasieren (sich)
cả hai (đều) (alle) beide
cả ... lẫn ... sowohl ... als auch ...
cảm ơn danken
cánh Flügel
cánh tay Arm
cắn beißen
cặp vợ chồng Ehepaar
cắt schneiden
câm stumm
câu Satz (Grammatik)
câu hỏi Frage
cây Baum
cây nến Kerze
cần brauchen
cần thiết erforderlich
cầu thang Treppe

cầu tiêu Abort
cấm verbieten
cấp bách dringend
cất cánh abfliegen
cẩn thận vorsichtig, behutsam
cha Vater
cha mẹ Eltern
chào (be)grüßen
chán überdrüssig
cháu Enkel; Nichte, Neffe
chạy laufen, rennen
chải tóc kämmen (Haare)
chảy fließen
chảy máu bluten
chăn bông Steppdecke
chăn chiếu Bettzeug
chắc chắn gewiss
chân Fuß; Bein
châu Á Asien
chất độc Gift
chất hơi, chất khí Gas
chất lượng Qualität
chậm langsam
chè Tee (Blätter)
chè búp Knospentee

chè đá Eistee

chè ướp parfümierter Tee

chè xanh grüner Tee

chén Schale (Gefäß)

chết tot

chết sterben

chia tay (với …) sich verabschieden (von)

chiếc áo Hemd, Bluse

chiến tranh Krieg

chiếu Matte

chim chuột flirten

chìa khóa Schlüssel

chi phí Kosten (bestreiten)

chính thức offiziell

chính trị Politik

chính phủ Regierung

chính xác genau

chỉ nur

chỉ Faden

chỉ dẫn hinweisen

cho geben; für

cho … sang übersetzen (Leute)

cho phép gestatten

cho thuê vermieten

cho vay verborgen, verleihen

chồng Ehemann

chỗ Ort (Platz)

chỗ đậu xe Parkplatz

chơi spielen

chờ warten

chua sauer

chua chua säuerlich

chuẩn bị vorbereiten

chuối Banane

chuyên gia Spezialist

chú Onkel (jüngerer)

chú ý aufmerksam (sein)

chúc mừng gratulieren

chụp ảnh fotografieren

chủ nhà Hausherr

chủ quán Gastwirt

chương trình Programm

chửi verhöhnen

chữ Wort

chữ cái Buchstabe

con ba ba Flussschildkröte

con bò Rind

con cá Fisch

con chó Hund

con chuột Maus

con cọp Tiger

con cừu Schaf

con dao Messer

con dấu Stempel

con đê Deich

con ếch Frosch

con gà Huhn

con gái Tochter

con hàu Auster

con heo (S) Schwein

con hổ Tiger

con hùm Tiger

con khỉ Affe

con kiến Ameise

con lợn (N) Schwein

con ngỗng Gans

con ngựa Pferd

con người Mensch

con rắn Schlange

con rùa Schildkröte

con sông Fluss

con thỏ nhà Kaninchen

con thỏ rừng Hase

con trai Sohn

con trăn Riesenschlange
con vịt Ente
con voi Elefant
có haben; es gibt; ja
có giá trị gültig (sein)
có hại schädlich
có ích nützlich
có mỡ fett(ig)
cỏ Gras
cô Fräulein (Anrede)
cô giáo Lehrerin
công an Polizei
công nhân Arbeiter
công ty Gesellschaft (Firma)
công ty du lịch Reisebüro
công việc Geschäft (Tätigk.); Arbeit
cốc (Trink-)Glas
cổ alt, antik
cổ Hals
Cơ đốc giáo Christentum
cơ quan Organ; Behörde
cỡ Größe (Kleidung u. ä.)
cơn Anfall
cua Krabbe

cung điện Palast
cuối cùng letzte(r)
cuối tuần Wochenende
cuộc cách mạng Revolution
cùng (nhau) zusammen
củ hành Zwiebel
của riêng Eigentum
cũ alt (nicht neu)
cũng auch
cũng (như) thế gleichfalls
cười lachen
cưới heiraten
cứng hart
cứu retten
cửa Tür
cửa hàng Geschäft (Laden)
cửa sổ Fenster

D

da Haut
danh lam thắng cảnh Sehenswürdigkeiten
dao cạo Rasiermesser

dài lang (Entfernung)
dày dick (Buch, Mauer ...)
dán kleben
dạy unterrichten (lehren)
dạy giảng lehren
dã man grausam
dân tộc Nation
dây điện Leitung (elektr.)
dây thừng Seil
dần dần allmählich
dầu Öl
dầu lửa Petroleum
dẫn (hin)führen
dép Sandale
dễ dàng einfach
dễ vỡ zerbrechlich
diêm Streichhölzer
diễn viên Darsteller
diễn viên(kịch) Schauspieler
dịch übersetzen (Sprache)
dịp Gelegenheit
dĩ nhiên selbstverständlich
du lịch reisen
dứa Ananas
dưa chuột Gurke
dừng anhalten

Đ

đa quen (với) gewöhnt (an)

đang gerade (jetzt)

đang tiếc leider

đài phát thanh Rundfunk

đàn ba Frau

đá Stein

đám cháy Brand

đáng yêu liebenswert

đánh schlagen

đánh điện telegrafieren

đánh răng Zähne putzen

đánh vỡ zerbrechen

đại sứ Botschafter

đại sứ quán Botschaft (dipl.)

đại phong Taifun

đạo hồi Islam

đạt erlangen

đã schon

đặc biệt besonders

đắt teuer (Preis)

đặt stellen

đặt trước buchen

đầu Kopf

đầu tiên erste(r/s)

đầy đá steinig

đầy đủ reichlich

đất Erde

đất đai Boden

đất liền Festland

đất nước Land (nicht Wasser)

đậu Bohne, Erbse

đậu (xe) parken (Wagen)

đậu nành Sojabohne

đe dọa (be)drohen

đem bringen

đen schwarz

đeo kính Brille tragen

đeo (kính) tragen (Brille usw.)

đẹp schön

đẹp trai gutaussehend (Mann)

đề nghị vorschlagen

đền Tempel, Palast

đền miếu Tempel

đếm zählen

đến kommen; bis, zu, nach

để stellen

để (mà) damit, um zu …

đi gehen

đi đâu? wohin?

đi máy bay fliegen (Flugzeug)

đi qua überqueren

đi săn jagen

đi theo folgen

đi xe đạp Rad fahren

đi xuống hinuntergehen

điên verrückt

điều bí mật Geheimnis

điều chỉnh regeln

điếu (thuốc lá) Zigarette

điện (lực) Elektrizität

điện thoại Telefon

địa chấn Erdbeben

địa chỉ Adresse

định beabsichtigen

đỉa Blutegel

đĩa Teller

đĩa hát Schallplatte

đỉnh núi Gipfel (Berg)

đói (bụng) hungrig (sein)

đón empfangen (Gäste)

đóng dấu stempeln

đọc lesen
đồ gia vị Gewürz
đồ chơi Spielzeug
đồ uống Getränk
đồn công an
  Polizeirevier
đồng Kupfer
đồng bằng
  Flachland
đồng thời
  gleichzeitig
đốt stechen
  (Insekten)
độ Grad (Wissensch.)
đội cứu hỏa
  Feuerwehr
đổi (um)tauschen,
  wechseln
đợi warten
đời sống Leben
đúng richtig
đủ genug
Đức deutsch
đứng stehen (nicht
  sitzen)
được erlangen
đường Zucker
đường Weg,
đường (S) Straße
đường hầm Tunnel
đường phố Straße

đường hàng không
  Luftweg
đường một chiều
  Einbahnstraße

E

ét xăng Benzin

G

gà đồng essbarer
  Frosch
gánh tragen auf
  Schulterjoch
gặp (nhau) treffen/
  begegnen (sich)
gần (như) fast
gầy dünn, mager
ghen eifersüchtig
ghét hassen
ghi vào sổ
  registrieren
gia cầm Geflügel
gia đình Familie
gian bếp Küche
gian phòng Zimmer
giao thông Verkehr
  (Straße)
già alt (nicht jung)
giàu reich
giày Schuhe

giá cả Preis
giáo sư Professor
giáo viên Lehrer
  (allgem.)
giải thích erklären
giảm bớt reduzieren
giây Sekunde
giấy Papier
giấy vệ sinh
  Toilettenpapier
giếng phun
  Springbrunnen
giếng Brunnen
giết chết töten
giống (như) ähnlich
  (wie)
giới thiệu vorstellen
  (jmdn.)
giúp đỡ helfen
giường Bett
gió mùa Monsun
gói nhỏ Päckchen
gọi rufen, nennen
gọi điện thoại
  telefonieren
gọi là so genannt
gốc Ecke
gỗ Holz
gởi (S) schicken,
  senden
gương Spiegel
gửi (N) schicken

H

hay schön, interessant
hay mưa regnerisch
hay (là) hoặc (là) oder
hài lòng zufrieden
hàng ngày täglich
hành động handeln, etwas tun
hành lang Korridor
hát singen (Mensch)
hạ giá Preis senken
hạng Klasse (Kategorie)
hạng nhất Erster Klasse
hạng nhì Zweiter Klasse
hạnh phúc Glück
hẹn verabreden (sich)
hẹp eng
hiếm (có) selten
hiệu cắt tóc Friseur(laden)
hiệu sách Buchladen
hiểu verstehen
hình thành entstehen

hít vào einatmen
ho husten
hoa Blume
hoa hồng Rose
hoan nghênh willkommen
hoàn cảnh Umgebung
hoàng hôn Abenddämmerung
hoãn lại (đến) Termin verschieben (bis)
hòa bình Frieden
hòn đảo Insel
hóa đơn Rechnung
hót singen (Vogel)
họ Familienname
học sinh Schüler
học tập lernen
hỏi fragen
hôm Tag
hôn küssen
hộ helfen
hộ chiếu Pass
hộp Dose
hời (giá) preiswert
hợp passen, stehen (Kleid.)
hợp lý rechtmäßig
huyết Blut
huyết áp Blutdruck

hút thuốc rauchen
hư hỏng kaputt
hương thơm Aroma
hứa versprechen (etwas)
hứa hôn verloben (sich)

I

in drucken
ít wenig
ỉa chảy Durchfall

K

kem Creme; Speiseeis
kem bôi da Hautcreme
keo dán Klebstoff
kéo dài dauern
kêu rufen, schreien
kết hôn heiraten
kết thúc beenden
kết quả Resultat
khác nhau verschieden
khách Gast
khách sạn Hotel
khát Durst (haben)
khăn mặt Handtuch

khăn trải giường
Laken

khắp mọi nơi
überall

khâu nähen

khẩu vị Geschmack
(Essen)

khéo gewandt

khi als (zeitl.)

khoa học
Wissenschaft

khoai tây Kartoffel

khoan dung nach-
sichtig; mild (Strafe)

khoảng etwa

khóc weinen

khói Rauch

khô trocken

không nicht; nein

không bao giờ
niemals

Không dám! Bitte!
(höfl.)

không khí Luft

không thể tin được
unglaublich

khởi hành starten
(Sport)

khuôn mặt Gesicht

kiểm tra kontrollie-
ren

kiểu Stil (Archit.)

kim Nadel

kim loại Metall

kinh tế Ökonomie;
Wirtschaft(s-)

kinh tởm scheußlich

kịp thời rechtzeitig

kỹ sư Ingenieur

ký tên
unterschreiben

L

là sein

là quần áo bügeln

làm machen

làm bánh backen

làm cho quen
gewöhnen

làm hại schaden

làm hóa đơn Rech-
nung ausstellen

làm phiền
belästigen

làm việc arbeiten

làn Handkorb

lá thư Brief

láng giềng Nachbar

lạ fremd

lạc Erdnüsse

lạc hậu rückständig

lại wieder

lãnh sự Konsul

lãnh sự quán
Konsulat

lắng nghe zuhören

lâu lang(e) (Zeit)

lần Mal

lần nữa wieder

lần sau nächstes
Mal

lầu Etage

lầy bùn Moor,
Sumpf; schlammig

lẫn nhau einander;
gegenseitig

len Wolle

lên cân zunehmen
(Masse)

liên hệ Verbindung

linh hồn Seele

linh mục (kathol.)
Priester

lít Liter

lịch sự höflich

lịch sử Geschichte
(Hist.)

loãng dünn (wässrig)

lò Ofen

lông Haar, Fell

lời cảm ơn Dank

lời khen Lob

lớn groß

lớp học Klasse
(Schule)

lúa má Getreide

luật Gesetz

luật gia Jurist

luôn luôn immer

luyện tập üben

lửa Feuer

lừa (đảo) betrügen

lười biếng faul
(Mensch)

lưỡi Zunge

lương thực
Lebensmittel

lương Lohn, Gehalt

ly dị, ly hôn
scheiden lassen

M

mang tragen,
befördern

may nähen

màu sắc Farbe

má (S) Mutter

mái Dach

mát mẻ frisch, kühl

máu Blut

máy ảnh
Fotoapparat

máy bay Flugzeug

máy thu thanh
Radiogerät

máy ti-vi Fernseh-
gerät

máy bay trực thăng
Hubschrauber

máy điện thoại
Telefonapparat

máy khâu
Nähmaschine

mạnh stark

măng
Bambussprossen

măng tây Spargel

mắng (S) verhöhnen

mắng (N) schelten

mắt Augen

mặc (áo) tragen
(Kleidung)

mặc cả feilschen

mặn salzig

mâm Tablett

mây Wolke

mất verlieren (Dinge)

mấy einige

mép Rand

mét Meter

mẹ Mutter

miền Bắc Norden
(Gebiet)

miền Nam Süden
(Gebiet)

miến Nudeln

Miến-điện Burma

mỉm cười lächeln

mọi alle, jeder

mỏng dünn
(kl. Umfang)

môi trường Umwelt

mồ hôi Schweiß

mốc Schimmel

mộc ngư Gebets-
gong (buddh.)

mộc nhĩ essbarer
Baumpilz

một ein(s)

một chút etwas,
ein wenig

một ít etwas, ein
wenig

một lần nữa noch
einmal

một mình allein

mời einladen

mới neu

mở ga Gas geben

mở ra öffnen

mỡ Fett

muối Salz

muốn wollen, wün-
schen

mù blind

mù chữ
analphabetisch

mù tạt Senf

mùa Jahreszeit

mùa mưa Regenzeit
mùi hôi Gestank,
 stinken
múa tanzen
múa quạt
 Fächertanz
múa xòe vietnam.
 Volkstanz
mục nát faul,
 verfault
mục sư (protestant.)
 Pfarrer
mủ Eiter
mũ Hut
mưa Regen
mưa giông Gewitter
mượn (của) leihen,
 sich (von)
**mượn cho người
 nào** (ver)leihen an
 jmd.
mỹ nghệ kunstvoll

N

nam männlich
này diese(r,s)
nạn lụt
 Überschwemmung
nâng lên heben
nấm Pilz
ném werfen

nên sollen
nền công nghiệp
 Industrie
nền nông nghiệp
 Landwirtschaft
nếu falls, wenn
Nga russisch
ngay thẳng
 rundweg
ngày Tag
ngày lễ Feiertag
ngày tháng Datum
ngạc nhiên
 erstaunt (sein)
ngã (hin)fallen
ngã tư Straßen-
 kreuzung
ngắm (nhìn)
 schauen, betrachten
ngắn kurz
ngân hàng Bank
ngất (đi) ohnmäch-
 tig (werden)
nghe hören
nghèo arm
nghệ thuật Kunst;
 künstlerisch
nghỉ denken,ruhen
nghỉ ngơi erholen
 (sich)
nghỉ phép Urlaub
 haben

nghĩa Bedeutung
nghĩa vụ Pflicht
ngoài außerhalb
ngoại tệ (mạnh)
 Valuta, Devisen
ngoẻo sterben
 (salopp)
ngón tay Finger
ngón tay cái
 Daumen
ngọt süß
ngõ hẻm Gasse
ngô Mais
ngôi nhà Gebäude
ngôn ngữ Sprache
ngồi sitzen
ngu dumm
nguồn Quelle
nguy cơ Gefahr
nguy hiểm
 gefährlich
nguyền rủa
 (ver)fluchen
ngủ schlafen
ngủ dậy aufstehen,
 erwachen
người ăn mày
 Bettler
người đi săn Jäger
người Đức
 Deutsche(r)

người lái xe
Chauffeur
người láng giềng
Nachbar
người nấu bếp
Koch
người Nga Russe
người phiên dịch
Übersetzer
người ta man
người Tây „Westler"
người tiếp khách
Gastgeber
người yêu
Geliebte(r)
ngược lại
im Gegenteil
ngực Brust(korb)
ngữ pháp
Grammatik
nhanh schnell
nhà ga Bahnhof
nhà máy Fabrik
nhà phẫu thuật
Chirurg
nhà thờ Kirche
nhà tù Gefängnis
nhà vệ sinh Toilette
nhà vua König
nhảy (đầm) (westl.)
tanzen
nhẫn Ring
(Schmuck)

nhân dịp anlässlich
nhân viên
Angestellter
nhận empfangen;
bekommen (Dinge)
nhập khẩu
importieren
nhẹ nhàng leicht
(nicht schwer)
nhiều hơn mehr
nhiều quá zu viel
nhiệm vụ Aufgabe
nhìn schauen
nhóm Gruppe
nhớ erinnern (sich)
nhớ nhà Heimweh
haben
nhút nhát scheu,
schüchtern
như als (Beding.)
như là als ob
như thế (này)
solch(e/er/es)
nhưng mà aber
niềm nở freundlich
nĩa Gabel
nói reden, sagen
nói chung
normalerweise
**nói chuyện (với
nhau)** unterhalten
(sich)
nói dối lügen

nói nhầm
versprechen (sich)
nóng heiß
nông nghiệp land-
wirtschaftlich
nông thôn Land
(nicht Stadt)
nội dung Inhalt
nơi Ort
núi Berg
núi đá Fels
nước Wasser, Land
nước ấn-độ Indien
nước Anh England
nước chè Tee
(Getränk)
nước đá Eis(würfel)
nước Đức
Deutschland
nước hoa Parfüm
nước Lào Laos
nước Mã-lai
Malaysia
nước ngoài Ausland
nước Pháp
Frankreich
nước Thái-lan
Thailand
nước Thụy-điển
Schweden
nước Thụy-sĩ
Schweiz
nửa halb, Hälfte

ô

ôn hòa mild (Klima)
ông bà Großeltern
Ông bụt Buddha
ông ngoại Groß-
  vater (Mutters)
ông nội Großvater
  (Vaters)
ông sư Bonze,
  buddh. Priester
ồn ào laut

ơ

ở in
ở đâu? wo?
ở lại bleiben
ở đây hier
ở phía sau dahinter
ở trên oben

P

pha chè Tee brühen
phanh Bremse
Pháp französisch

phát điên verrückt
  werden
phát triển
  entwickeln (sich)
phạt (be)strafen
phải müssen
phản ứng reagieren
phẳng flach, eben
phân biệt
  unterscheiden
phân người Stuhl
  (Mediz.)
phần trăm Prozent
Phật giáo
  Buddhismus
phê bình kritisieren
phim màu Farbfilm
phía Seite (Richtung)
phía Bắc Norden
  (Richtung)
pho-mát Käse
phong cách Stil
  (Lebens-)
phong tục Brauch
phòng ngủ
  Schlafzimmer
phố (N) Straße
phơi khô trocknen
phu nhân Gattin
phun spritzen
phù sa
  Schwemmland

phút Minute
phụ tùng Ersatzteile
phụ nữ Frau
phức tạp
  kompliziert
phương Nam Süden
  (Richtung)
phương pháp
  Methode
**phương tiện giao
  thông** Verkehrs-
  mittel

Q

quan tâm (đến) in-
  teressieren sich (für)
quan trọng wichtig
quay drehen (sich)
quá zu sehr
quán ăn Gaststätte
quạt Fächer
quạt trần Decken-
  ventilator
quả Frucht
quả cây (N) Obst
quả đất Erdball
quần Hose
quần lót Unterhose
quẹt diêm Streich-
  holz anzünden

quên mất vergessen

quốc lộ Staats-
straße

quốc tế
international

quốc tịch
Nationalität

quy tắc Regel
(Prinzip)

quyển sách Buch

quyển sổ tay
Notizbuch

quyết định
entscheiden

quý báu kostbar

R

ra hinaus; hinaus-
gehen

rau Gemüse

rau ba lăng Spinat

rau cải Kohl

rau muống Wasser-
winde

rau thơm Gewürz-
kräuter

rác bụi Müll

rạp chiếu bóng
Kino

răng giả Prothese
(Zahn)

rằng dass

rắn độc Gift-
schlange

rắn lục (grüne) Viper

re (tiền) billig

rét run frieren

rẽ abbiegen

rễ cây Wurzel

riêng lẻ einzeln

rồi schon

rơi fallen

rời bỏ verlassen

rừng rậm Dschungel

ruột Darm

rượu sâm-banh
Sekt

S

sai lầm Fehler

sau nach

sau đó danach

say rượu betrunken

sáng hell

sát trùng
desinfizieren

sạch sẽ sauber

sản phẩm Produkt

sản phẩm mỹ nghệ
kunstgewerbliche
Waren

sản xuất
produzieren

sắp bald

sắt Eisen

sẵn sàng bereit

sân Hof

sân bay Flugplatz

sân nhà Fußboden

sân thượng
Dachgarten

sân vận động
Stadion

sâu bọ Insekt

sầu riêng Durian

sen Lotos

sinh đẻ gebären

sinh nhật Geburts-
tag

sinh viên Student

so sánh vergleichen

sông đào Kanal

số Nummer

số không Null

số lượng Menge,
Quantität

số phận Schicksal

sống leben

sống ở wohnen

sốt Fieber

sơn Lack

sớm früh

sợ ängstlich (sein)

sợ hãi (trước) sich
fürchten (vor)

sở thích Neigung, Geschmack

sung sướng glücklich (sein)

suy nghĩ nachdenken

súc miệng gurgeln

sút cân abnehmen (Masse)

sức khỏe Gesundheit

sự hiểu biết Wissen

sự kết thúc Ende

sự kiện Ereignis

sự thật Wahrheit

sự thiệt hại Schaden

sự thông báo Meldung

sự xoa bóp Massage

sử dụng nutzen

sửa chữa reparieren

sữa Milch

T

tai nạn Unfall

tàu thủy Schiff

tách Tasse

tám acht

tạp chí Zeitschrift

tảng đá Fels

tăng lên steigen (Preis, Temperatur)

tắm baden

tắm nắng sonnenbaden

tắt đèn ausschalten (Licht)

tắt ga Gas wegnehmen (Auto)

tâm hồn Seele

tầng Etage

tấm kính Glasscheibe

tấn công angreifen

tất cả alle, alles

tất nhiên selbstverständlich

tẩy sạch säubern

tem Briefmarke

tên Name

tên gọi Rufname

tên riêng Eigenname

tha lỗi (cho ai) entschuldigen/verzeihen (jmdm.)

than Kohle

thanh toán Rechnung begleichen

thành phố Stadt

thành phố lớn Großstadt

tháng hai Februar

tháng mười hai Dezember

tháng tám August

tháng tư April

tháp Turm

thả rơi fallen lassen

thăm besuchen

thằn lằn Eidechse

thắng gewinnen

thắt lưng Gürtel (Kleid.)

thẳng gerade(aus)

thân mật herzlich, vertraut

thân thiết eng verbunden

thân thể Körper, Leib

thay đổi (aus)wechseln

thầy giáo Lehrer

thật echt, wahr

thêu sticken

thế giới Welt

thể dục Gymnastik

thể thao Sport

thìa Löffel

thiên nhiên Natur (Landschaft)

thiếu fehlen

thịt Fleisch

thói quen Gewohnheit

thông dụng gebräuchlich

thông minh intelligent

thơm duften(d)

thở atmen

thở ra ausatmen

thu tập sammeln

thua verlieren (Niederlage)

thuận lợi günstig

thuê mieten

thung lũng Tal

thuốc Droge, Heilmittel

thuốc lào Tabak für Wasserpfeife

thuốc lá Tabak, Zigaretten

thuốc men Medizin, Medikament

thuốc nhuận tràng Abführmittel

thuốc phiện Opium

thuốc tẩy Abführmittel

thuyền Boot

thuyền chèo Ruderboot

thú vị interessant

thủ đô Hauptstadt

thủy tinh Glas (Material)

thư viện Bibliothek

thương lieben

thường oft

thứ nhất erste(r/s)

thực echt, wahr

thử versuchen, ausprobieren

tiêm (phòng) impfen

tiêm spritzen (Med.)

tiêu hóa verdauen

tiền Geld

tiền lương Lohn, Gehalt

tiếng lóng Slang

tiếng mẹ đẻ Muttersprache

tiếng nói Sprache, Stimme

tiết kiệm sparsam

tin glauben

tin tức Nachricht

tìm suchen

tìm thấy finden

tình hình Situation

tính zählen

tính toán (be)rechnen

tình trạng Lage (Zustand)

tỉnh Provinz

to groß

toát mồ hôi schwitzen

tóc Haar (Kopf-)

tỏi Knoblauch

tôi ich

tôm Garnele, Krebs

tôm hùm Hummer

tôn trọng respektieren

tồn tại existieren

tốc độ Geschwindigkeit

tối dunkel

tốt gut

tội nặng Verbrechen

tổ chức organisieren

tơ lụa Seide

tờ báo Zeitung

tới kommen

trang Seite (Buch)

tranh Bild

tranh cãi streiten

trao đổi wechseln

trà Tee (Blätter)

tràn ngập überfluten

trái links

trái cây (S) Obst

trái tim Herz

tránh khỏi vermeiden

trả lời antworten

trả tiền bezahlen, zahlen

trâu Büffel

trần nhà Decke (Haus)

tre Bambus

trèo lên steigen (Berg usw.)

trẻ jung

trên auf, oben

triết học Philosophie

Triều tiên Korea

trị (bệnh) behandeln (Mediz.)

trong in

trò chơi Spiel

tròn rund

trồng trọt pflanzen

trốn fliehen

trống frei, unbelegt

trời Himmel

trở lại zurückkehren

trở nên (thành) werden (zu)

trở về zurückkehren

Trung quốc China

trung tâm Zentrum

truyền thống Tradition

trúng (đích) treffen (Ziel)

trứng Ei(er)

trước hết zuerst

trước khi ehe

trường đại học Hochschule, Universität

trường học Schule

trượt rutschen

tu đạo viện Kloster

tuổi Alter (Lebens-)

tủ lạnh Kühlschrank

từ Wort

từ seit

từ khi seitdem

từ trần sterben (höfl.)

tức ärgerlich (sein)

tự selbst

tự do frei

tự giới thiệu vorstellen (sich)

tự mình selbst

tự nhiên natürlich (nicht künstl.)

tự tin selbstbewusst (sein)

tươi frisch (Obst ...)

tượng kỷ niệm Denkmal

tượng phật Buddhastatue

tưởng tượng vorstellen (sich etw.)

U

uốt feucht

V

va-li Koffer

vay borgen, leihen

và und

vàng gelb, golden; Gold

vào eintreten

vác tragen auf Schulter

vành xe Felge (Radkranz)

vải Stoff

văn học Literatur

văn kiện Dokument(e)

văn phong Stil (Literatur)

văn phòng Büro

vắng mặt abwesend sein

vâng ja

vấn đề Problem

vật tượng trưng Symbol

ve sầu Zikade

vé máy bay Flugticket

vẽ malen, zeichnen

vẽ phác skizzieren

vết thương Wunde

vệ sinh Hygiene

viết schreiben

vì weil

vì thế cho nên deshalb

ví dụ như zum Beispiel

vị trí Lage (geogr.)

vịnh Bucht

vòng xích Ring (Kettenteil)

vỏ Schale (Hülle)

vô lý unsinnig

vô tội unschuldig

vô tuyến truyền hình Fernsehen

vội eilen

vội vàng eilig

vỗ tay applaudieren

vợ Ehefrau

vở kịch Schauspiel

vỡ zerbrochen

vui mừng freuen (sich)

vuông Quadrat

vùng nhiệt đối Tropen

vú Brust (weibl.)

vũ khí Waffen

vườn Garten

vừa ... vừa sowohl ... als auch

vừa mới soeben

vừa vặn passen (Kleid.)

vứt đi wegwerfen

X

xa xỉ luxuriös, Luxus

xanh lam blau

xay dựng bauen

xà phòng Seife

xác chết Leiche

xã hội Gesellschaft

xã Gemeinde

xảy ra geschehen

xe Fahrzeug, Wagen

xe buýt Bus

xe đạp Fahrrad

xe điện Straßenbahn

xe lửa Eisenbahn

xe hơi Auto

xe máy Moped

xe mô-tô Motorrad

xe ô-tô Auto

xe vận tải Lastwagen

xe tắc xi Taxi

xé (zer)reißen

xi-ga Zigarre

xin bitten

xin lỗi entschuldigen (sich)

xinh hübsch

xí nghiệp Betrieb

xuất khẩu exportieren

xuất phát starten, aufbrechen

xuống (dưới) hinunter

xuống hinuntergehen

Y

y học Medizin (Wissensch.)

yên tĩnh ruhig

yếu schwach

yêu mến lieben

yêu quý teuer (lieb)

ý kiến Meinung

Die Autorin

Monika Heyder, Jahrgang 1963, ist Dipl.-Sprachmittlerin für Vietnamesisch und Französisch. Vietnamesisch studierte sie an der Humboldt-Universität Berlin und während eines einjährigen Teilstudiums in Vietnam.

Seit 1987 arbeitet sie als Dolmetscherin und Übersetzerin, wodurch sie in ständigem Kontakt mit Vietnam und seinen Menschen steht. Neun Jahre unterrichtete sie Vietnamesisch an der Humboldt-Universität Berlin.

Ihr besonderes Interesse gilt der Alltagsgeschichte sowie den Sitten und Bräuchen der Vietnamesen.